U0110026

# 寫在書邊上

## BOOK

朱曉劍 著

書情的繁華、書事的真摯，在人世間不斷的流變，構成了一個人與書的相遇圖。

# 讀書無訣竅

前幾天，跟一位朋友聊天，他大發感歎的說：「我都沒好久讀書了。」這樣的感歎，我是時常要遇到的。感歎歸感歎，讀書還是得找時間。他們最後總會問我，你怎麼有大把的時間用來讀書？

其實，讀書沒訣竅。

這樣說，當然不是很討好的說法。這就好比一道菜，我們喜好吃，卻找不出更適合的理由來表述我們的喜愛。其實，很多時候，我們都是矛盾體，左右逢源，很好，但卻不易做到，對於讀書，何嘗不是？

不妨追尋一下我讀書的經歷，也可算是解讀《寫在書邊上》的脈絡吧。

大概是 2004 年前後，看到讀書的朋友因為時常寫讀書的文章，就有出版社的贈書可看，在我就覺得是十分美好的事。我呢，就嘗試著寫了寫，也沒敢拿出去發表，只是那時的新華書店有個報紙，名叫《新書報》，發過去一兩篇文字過去，居然刊發了。沒過多久，居然成了報社編輯。這多少是有些機緣巧合，說陰差陽錯也無不可，我才得以混進了讀書界。

　　不過，那時對讀書界瞭解不多，但也正因為瞭解不多，才敢亂發言。那以後，就頻頻寫點短文發表。現在想像這事都覺得汗顏，儘管混在了讀書界數年，若說對書業是不是足夠的瞭解，我是不敢保證的，這源於自己看的書愈多愈發現自己的無知。

　　王朔說：「無知者無畏。」

　　就這麼著一路寫來，一晃就好幾年了，成績是不是有一些，我可說不準，這不是我不夠自信，而是總覺得才疏學淺，拿出來示人，無論如何，是要經受得起檢驗才好，因為這一層的緣故，在編集子時，挑挑揀揀，總算把還多少自己滿意的文字整理一過，就是你拿到的這個樣子。

　　當然，對於讀書這回事，向來是見仁見智的。不過，總的來說，讀後總有一些感想在，收在這個集子的文字就是最近幾年的文字結集。

　　讀書，我覺得應該是這樣的簡單：既可閑覽，又可怡情，但都當不得大餐，猶如一道小品也。

　　相比較而言，我倒喜歡知堂所說的話：「我們於日用必需的東西以外，必須還有一點無用的遊戲與享樂，生活才覺得有意思。我們看夕陽，看秋河，看花，聽雨，聞香，喝不求解渴的酒，吃不求飽的點心，都是生活上必要的……雖然是無用的裝點，而且是愈精煉愈好。」

　　最後，感謝好友谷立立、鄭子語、蘭楚對這本書的推薦。她們不僅是在美言，更是在鼓勵我，讀書更多一點樂趣才好。

2009 年 7 月 16 日

# 目　次

寫在書邊上

# 第一篇
# 尋蹤記

# 尋找孔子

　　說到儒教，當然是首先要提孔子，沒有他，大概現在的儒家文化也就無從談起。我最早接觸的儒家經典，就是《詩經》或《論語》，這兩部書都好玩兒，想一下，那個時代，就有些風姿綽約了。後來，亂七八糟的看了不少書，也不是為了學術精進什麼的，就是想看一下，在旁人的眼裡，孔子會是什麼樣子的。

　　錢穆的《論語新解》曾很讓我入迷了一陣子，但還不滿足這個，就去看楊樹達的《論語疏證》或趙紀彬的《論語新探》，甚至於連南懷瑾《論語別裁》也看了一下。看了這些書，給我的感覺是，孔子在印象中是模糊的不說，好像他就躲在歷史的某個角落裡，看我們在門口張望──怎麼都看不到他，在他，一定是別樣的風景，或許會微笑一下。那麼多人來看他，是一具古董。

　　這讓我想起爺爺以前收的一本書，好像是《社會新聲》什麼的，曲藝集，其中說到孔子，直接喊成孔老二，是封建主義的代表，不用說，那是「文革」的產物。我看到這些，也沒覺得詫異，大概是還不明白這其中包含的奧義。

　　于丹的《于丹〈論語〉心得》讓我們注意到，《論語》可以這樣解讀：未必正確，卻很好玩，儘管我讀了沒幾頁就沒興趣看下去了。等到李零教授寫出了《喪家狗：我讀〈論語〉》，大家就覺得他把孔

子惡搞了，怎麼說吧，儒家的祖師爺也不會是一條喪家狗。不管這對不對，我都覺得那是李零眼裡的孔子，愛看就翻翻，討厭就別碰這本書，幹嘛自己找罪受呢。

當然，把孔子作為神仙或聖人供起，不許別人說好說歹也是不成的。孔子生活的那個時代是自由開放的社會不錯，但我們也應該看到，他的思想、行為在當時不受重視的，到處行走，推廣他的理論，但收效甚微。我猜想，假如我們只往他身上套一些光環而不顧當時的社會現實，他肯定是要生氣的。

有本書叫《中國孔廟》，寫了兩百多處國內的孔廟外，更是對東南亞和歐美地區的孔廟做了詳細的介紹，我對孔廟雖然有興趣，但只看了一兩座，不算代表。那幅畫像好像都是相差無幾，沒什麼變化：個不高，老頭，道理滿多，像唐僧一般。老實說，看到這個畫像，我多少還是有些失落。想一下，那些文字裡所描寫的孔子，居然都虛化了。

這可能不是真正的孔子，但他的真實面目是什麼樣的呢？我覺得我們從《詩經》、《論語》中，不僅可以看到那個社會的風貌，至於孔子的面貌我們也只能根據他的話語方式、社會習俗什麼的，想像一個孔子出來，至於真實的他應該是什麼樣子的，都不再重要了，重要的是他留下的這些作品至今仍然值得我們學習。

# 隱蔽的大師顧隨

　　在中國知識份子二十世紀的生命記錄中，在歷史學界追溯與懷想的先輩裡，有一個人的名字時隱時現，從不曾離開人們的記憶，近年來似有「走紅」之勢，他就是顧隨先生。隨著《顧隨說禪》、《顧隨詩詞講記》等書的面世，我們多少才可以看到他的性情和對學問的追求。

　　散文大家張中行在一本書的序中說，「顧先生雖是在家人，講禪卻還是坐在禪堂之內；行文似是為上智說，輕輕點染，希望讀者聞一以知十；顧先生的筆下真是神乎技矣，他是用散文，用雜文，用談家常的形式說了難明之理，難見之境。我們讀禪宗語錄，都會感到，這些和尚都有個性，趙州是趙州，馬祖是馬祖；讀顧先生的這部大著，這種印象尤其真切，只要一句半句，就知道這是苦水先生，絕不是別人。」這是十分恰當的評論。

　　顧隨（1897-1960），字羨季，別號苦水，晚號駝庵，河北清河縣人。1920 年畢業於北京大學，終生執教並從事於學術研究與文學創作。顧先生是一位有獨見卓識的學者、專家。其所涉博雜，詩詞、佛學、曲學、雜劇，無不有極深的造詣，顧隨的很多弟子早已是享譽海內外的專家、學者，周汝昌、葉嘉瑩、史樹青、鄧雲鄉、郭預衡、顏一煙、黃宗江、吳小如等便是其中突出的代表。

現在能在他們的文字中依稀可見顧隨先生的風骨。這個 1920 年畢業於北京大學英語系的學生，卻成了中國舊詩詞的最後守望者之一，多少有些出人意料的吧，但亦是意料之中的事，因為隨著那一代學人的離去，今人的舊詩詞不過得一些皮毛而已，哪兒有那般的精深。

周汝昌曾說「先生是一位真正的詩人，而同時又是一位深邃的學者，一位極出色的大師級的哲人巨匠」。在《顧隨詩詞講記》的序言中，葉嘉瑩如是說，「凡是在書本中可以查考到的屬於所謂記問之學的知識，先生一向都極少講到，先生所講授的乃是他自己以其博學、銳感、深思以及豐富的閱讀和創作之經驗所體會和掌握到的詩歌中真正的精華妙義之所在，並且更能將之用多種之譬解，作最為細緻和最為深入的傳達。」

我猜想這樣的先生講課，一定極為有趣，不像今天的老師那樣，講得無味，學生也覺沒勁，好在這些講課有葉嘉瑩的記錄在案，我們不妨一觀：

> 學文應該朗讀，因為如此不但能欣賞文字美，且能欣賞古人心情，感覺古人之力、古人之情。「楊柳依依」「雨雪霏霏」，怎麼講？唸一唸便覺其好。

> 悲劇中人物有兩種：一、強者，與命運反抗、戰鬥；二、弱者，為命運所支配。中國悲劇人物多屬後者。如《梧桐雨》之唐明皇，《漢宮秋》之漢元帝。

> 悲劇在強者弱者而外，又有「人」、「我」之分。「我」，自己的悲劇，與人無干；「人」，為人而犧牲。唐明皇、漢元帝是

自己的悲劇，為自己犧牲他人；《趙氏孤兒》是為人犧牲自己，
此在中國少見。

葉嘉瑩說，聽過顧先生的課後，「恍如一只被困在暗室之內的蒼
蠅，驀見門窗之開啟，始脫然得睹明朗之天光，辨萬物之形態」。讀
這樣的筆記，多少也有這樣的感慨，儘管有時顧先生的觀點我也未
必苟同。在顧先生看來，讀書是為了過更有尊嚴，更有趣的生活。
仔細想來，我們讀書還不是這樣的嗎？而這正是他的最大特色，常
把學文與學道以及作詩與做人相提並論，由此引發出來的學問，才
是真正的學問了。

顧先生像許多舊文人一樣，是個戲迷，常常攜妻挈子地全家去
看戲。別看他詩詞曲賦寫得曲折哀婉，細膩入微，可他卻不喜歡舞
臺上搖曳多姿、纏綿多情的梅蘭芳，卻偏偏看上了那銅琶鐵板、大
聲鏜鎝的楊小樓。享有「武生宗師」盛譽的楊小樓，靠著自己「武
戲文唱」的「楊派」特點，在當時和梅蘭芳、余叔岩並稱為「三賢」，
是京劇界的代表人物。1938 年正月，京劇表演藝術家楊小樓逝世。
據弟子回憶，第二天，顧隨走進教室時面容慘澹，一言不發，先是
在黑板上抄了四首詞，接下來就是當眾大哭，他止不住地嗚咽說：「昨
天楊小樓死了，從今後我再也不聽戲了！」此情此景，真有些似古
人「俞伯牙摔琴謝知音」的那種場景，也令人感動。

說來，顧先生被稱為隱蔽的大師絕不是偶然的，而是跟他的學
問、道德文章有著莫大的關係。在我看來，所謂大師，必須具備如
下的條件：有自己的學術創見或代表作。具有跨學科的影響力量。
產生跨越語言和文化的影響。從這幾條看，顧先生完全夠格。他不
像今天的許多大師一樣只有一個名聲而已。

　　若不是今天的資訊的發達，不是有心人對他的熱愛，我相信他一直會被隱蔽的。閒暇之餘，能讀一讀這樣的詩詞講記，跟讀《于丹〈論語〉心得》相比，更是一重難得的享受了。

# 看張記

　　在舊書攤遇到一冊《貴族才女張愛玲》，扉頁有語云：「二時許，獨坐天座，尋他未遇。巧」想是巧在尋他時買的書，他是何人，不得而知，若在張愛玲的筆下，怕又是一段傳奇故事了。雖然我不是「張迷」，也把書買下了。這本書我以前就買過一冊的。

　　十多年來，見著跟張愛玲有關的書陸續買了好多種，不為別的，只為夏濟安所言：「張女士固熟讀舊小說，充分利用它們的好處；她又深通中國世故人情，她的靈魂的根是插在中國泥土深處裡，她是真正的中國小說家。」張愛玲的小說、散文之所以不八股，就在於這裡了。不管在哪裡，看到張愛玲的書就買下來，也不管內容是否重複、錯訛，特別是在舊書攤，每遇見了一冊，大都會買下來，好像是怕她受了冷遇，但她哪兒在乎這個，當年一片反對她的時候，她也是沒當回事的。如此說來，憑這個似乎就可稱為「張迷」，其實，這只不過是因為我喜歡她的文字罷了。

　　不像陳子善，以發掘張愛玲的佚文而著稱，就是我買到的一些張愛玲的書，也是出自他的手，如果說，張愛玲的走紅是因了夏志清的《中國現代小說史》，倒也少不了陳子善的功績，最近，他更是編校了《張愛玲集》，據說是目前最完好的本子。難怪毛尖會說，這些年，子善老師在張愛玲身上花的功夫，漸漸地已經有了黑社會的

作風。從上個世紀八十年代迷上張愛玲，編出一本又一本和張愛玲有關或有那麼點關係的書以外，他到處偵探和張有關的線索。如果他是警察局長，我相信他早把桑弧先生抓起來了，嚴刑逼問，和張愛玲只是普通朋友？《哀樂中年》的稿費她為什麼不要？陳子善去美國，和骨灰級張迷高全之相遇，幾個回合就熱了身，兩人起身衝往張愛玲的洛杉磯故居，衝不進去就要花招，花招不成想用強，一直折騰到天地蒼茫，最後脅持了一位剛從公寓裡出來的女大學生，非法進入。所以，如果有人問，張愛玲還有什麼親人在世，我會毫不猶豫地告訴他：陳子善。

這都是極有趣的事。迄今，關於張愛玲的書，出了那麼多，但稱得上完美的幾乎是沒有的。那套四卷本的《張愛玲文集》雖是那麼回事，但有不少的遺憾在。即便是《張愛玲散文全編》，隨著她的佚作的「出土」，也是殘缺的了。那些論述她的書更是千姿百態，但能持公正之論的少之又少，到處都是陳詞濫調，有時甚至不乏污蔑之詞。在我看來，他們在作文時不是不知道那些事情的原委，實則是她太不符合作家的規範。

好在這都是無關緊要的。畢竟世間已無張愛玲，大家倒不必擔心她刻薄話語，更不必擔心會有人控訴侵權。張愛玲還是那個張愛玲，而今天的語言環境也改變了，看著研究張愛玲的人日益多起來，對於文本的原貌也恢復了，這是好事。我想，也是該恢復她的本來面目的時候了。

# 民間有鍾叔河

　　下午，在舊書攤閒逛，不意間看見一冊《俠隱記》，譯述伍光建，茅盾校注的。記不得在什麼地方看到介紹《俠隱記》了，說是極好的本子。這次遇見猶如豔遇一般，不可多得。回來翻閱一下，不想居然是鍾叔河先生編輯的書，更是意外的驚喜了。說來，鍾叔河是自己頗為敬佩的出版人，思想通達，文筆亦好。他在讀書界是早享有盛名的了，更何況經他手做出的來書都頗有分量。

　　記得，最早是在雜誌上讀到鍾叔河先生的短文，十分喜愛，短卻分量足，比時下許多灌水的文字好得多了。於是留心買他的書，《中國本身擁有力量》我買的是最初的版本，讀來甚覺有味。值得說一說的是買《念樓學短》的經歷。

　　書剛上市時，在書店看了部分內容，十分喜歡，但一看價格是三十八元還是考慮了一下。因那時經濟不大寬裕，就常常跑書店看書，每次去書店總要跑到《念樓學短》陳列的位置看一看，書依然在那，很放心地走了，不由得暗笑自己，這書不是暢銷書，怕看的人也不是很多，我倒也不必急著去買，等有了錢再買不遲，好像書就放在那兒，少有人理會似的。差不多等了大半年，我再去書店，走到老地方，卻不見了《念樓學短》。不免詫異，去服務臺查詢，說是剛賣完，還有一冊，卻不知所蹤，營業員說可能是沒有了。我就懊惱地走了，要是早一天把它買下來就不必這樣了。

　　那年春節，從安徽老家回成都，到了鄭州專門停一下，去書市看一看，不得，又去幾個地方，還是沒有，只好悵然而返。回到成都，依然是不死心，沒事，總要去書店轉一轉，也許奇蹟會出現的。我的運氣似乎不那麼好，每去總是找不見《念樓學短》，有些氣餒了，只好等著這書再版了吧。過了很長一段時間沒再去書店，再去依然習慣地流覽那架文學理論書櫃，卻十分意外地遇到了《念樓學短》。那種驚喜簡直是無法用語言來形容的了。趕緊去付錢，生怕從此失去了似的。

　　當然，我算不得是鍾叔河先生的「粉絲」，儘管陸續買了一些他編著的書。在我看來，他對於傳統文化的熱愛是比那些提倡國學的傢伙做的要多。其實他的那些短文章原本是用來教他孫子輩的「教材」，不在於讀古文的「今譯」，「而是讀之有感，想做點自己的文章。」體現的是鍾叔河式的讀書方式和他對待中國優秀傳統文化的態度。不過，他又引鄭板橋的話說：「有些好處，大家看看；如無好處，覆瓿覆盎而已。」這種自謙的話如今也是少看到了，不免令人歎息古風不存。

　　關於作短文，鍾叔河先生說：「自己沒本事寫長也怕看長文當然是最初的原因，但過眼稍多，便覺得看文亦猶看人，身材長相畢竟不最重要，吸引力還在思想、氣質和趣味上。」這話我也深以為然。至於他編著的《周作人兒童雜事詩箋釋》和《周作人文類編》可以說和止庵做的《周作人文集》相得益彰，都是以前在書店遇到未買，在舊書鋪買回來的。有網友在看了他的書後說，向鍾叔河致敬。我想，這不僅應該是讀書人對前輩表達敬意的最好方式，而是像前輩讀書人一樣做一些有益於時人的書才成。

# 閱讀黃裳

　　秋冬季節，在街上閒逛，忽見街角有一書店，想不起是好久開業的，不妨走進去一觀，看來看去，不過是尋常的讀物，不看也罷。正在懊悔之餘，又見重疊的一叢書後，夾雜著一冊書，仔細一看，卻是黃裳的《來燕榭書札》。就趕緊買下，想不到與他的書還有如此境遇，真是出乎意料也。

　　讀黃裳的書說來亦是多年舊事，第一次買的是冊《音塵集》，居然包括了大名鼎鼎的《錦帆集》，自是驚喜非常。從此，在書店見一冊買一冊，積年下來，也有數十種，我不算黃裳的書癡，不過是極其喜歡他的風流文字，但那到底是紙上的黃裳，看不出他的性情，李輝的代序中云：黃裳頗不善於言談，與之面對，常常是你談他聽，不然，就是久久沉默，真正可稱為「枯坐」，這倒真有些出乎我的意料，原來還以為他是如黃永玉一般可愛的老頭。不過，「一旦進入文字世界，他的思緒與語言頓時順暢無比，活潑跳躍，五光十色，變化無窮。其書簡尤其如此。書、人、心境、世態，他無所不談，毫無掩飾，較之那些公開發表的文字，它們更加真實地露出他的性情。」

　　黃裳如張中行一般，是文壇異數，他總是那麼清醒明白。有時候，他真正的意思隱藏在字裡行間，正所謂非善讀書者不能體味。

13

這本書信集應該是屬於那類要在字裡行間讀出意思來的書。寫信的和收信的，本是莫逆於心，所以褒貶往往不需要形諸筆墨，這就很考讀者的功夫，有時讀了半天，不曉得是怎麼回事，這要借助別的資料來補充，這樣的幾近功課的讀法也是辛苦，不過，從中考證出一些文壇掌故來也是有趣，那喜悅也是更為難得的了。

這冊書札收入他給黃宗江、周汝昌、楊苡、范用、姜德明等人，且跨度達六十年的兩百餘件信札中，卻洋溢著活潑的文人風流：讀書賞畫，吟詩作賦，看電影，賞美人，乃至月旦人物，真是咳唾生珠玉，如彩色花雨一般，煞是壯美。比如 1943 年在給黃宗江的信中說：

> 得內江來信，如讀了一篇憂鬱的散文。「水國春空，山城歲晚，無語相看一笑」，如此境界，何以堪此。剪得一張 Ingrid 和 Charles Boyel 的相片，電影未看，看此畫面即有「遮蓑」之感。戀愛豈真需要找一個小姑娘，Fresh，青春的跳躍……今天和一個 Full Colonel 駕車進城，此人白髮蒼顏，但是頗有興致，在半路上遇見兩個 Prostitute，就招呼她們上車。「有女同車」，一路上都側目而視，真有些浪漫軍人的風度了。這兩個粉頭有一個頗漂亮，高高的，豐腴，水注似的兩條大腿……如此的信箋倒也別致有味。

黃裳是作家，卻以藏書家名世。他的書話獨有的端雅整飭和收放有致，活脫脫地襯出一個自由灑脫，卻又不肯敷衍苟且的讀書人形象。這也是讀書人愛他的緣故。據說，前朝舊籍一經他的題跋，即便寥寥幾行，也是身價大增，幾倍幾倍往上翻。凡有「黃跋」的古籍，都在二十萬開外了。也算書界一段佳話了吧。

　　黃裳原名容鼎昌，這個筆名的由來也很有趣，據說和黃宗英有關，他十分喜歡有「甜姐兒」之稱的黃宗英，算是一個民國的「追星族」了，就給自己起了個「黃裳」的筆名，意為「黃的衣裳」。黃裳本人在一篇文章裡說過，錢鍾書曾為他寫過一聯：遍求善本癡婆子，難得佳人甜姐兒。（《斷簡零篇室摭憶》）。似乎是確證了。而他在天津南開中學的同窗好友黃宗江卻解釋為：「我下海賣藝，他初贈我藝名曰黃裳，我以其過於輝煌，未敢加身於登臺之際，他便自己用筆名登場。」在秋雨中閱讀黃裳，也是有一種詩意在的。

# 流沙河印象記

　　成都號稱詩歌之都，文化人常常要到這裡來，必見的人物唯有流沙河。但他是性情中人，一般的人要見上一面還是不大容易的。1997 年剛到成都的時候，就買了一份地圖，查找他所在的街道。當時，一個同學格外喜歡他的詩作。而我對詩歌是不大懂得的，何況只在中學裡讀過他的《草木篇》罷了。能見見名人，當然不是壞事的嘛。

　　終於打聽到沙河老師家的地址，窮學生實在沒什麼送的，便買了兩瓶酒過去。走在作協家屬大院的門口，門衛攔住了，說了一通，好歹總算進去了。然而，事不湊巧，沙河老師到外地去了，只有保姆在家，而她害怕是歹人，連門都不樂意開，兩人只好提了酒回學校了。

　　沙河老師不但詩歌寫的漂亮，即使文章也寫得獨具慧眼，入木三分。此後在書市上陸續買了《莊子現代版》、《十二象》、《Y先生語錄》，頗值得玩味的句子很多，忍不住想起見一見他了，但終於沒有去見。後來，在學校圖書館借得一部先生詩集《遊蹤》，十分喜愛。書市不可得，便抄了一部，迄今仍保存在匣內，乃青春少年的紀念也。

　　作家冉雲飛說，流沙河雖沒有一位真正的學生，但只要事關文化的講座，大凡學校、文化團體有所請託，在身體健朗之時，寫作暇餘，他還是願意去演講的。此種講座固與顧炎武先生所譏之「若

徇眾人之好，而自貶其學，以來天下之人，而廣其名譽，則是枉道以從人」（《顧林亭文集》卷三〈與友人論門人書〉），大不相同。信然。記得，去年在成都市圖書館有沙河老師開的講座，談論四川方言與民俗，有不少古漢語的知識，原以為像這樣的話題應該人不多的吧。豈料幾百個座位的講堂沒有空位置，太令人驚訝的了。

記得在幾年前沙河老師曾寫一短文說「願做職業讀書人」，頗見性情，這裡不妨抄一段出來：

> 讀書就是應該「為己」。這個世界人人都能「為己」讀書，就成為文明的烏托邦了，那該多好。如果確有困難，不能人人，那至少君子應能做到「為己」讀書。其上乘者，充實自身之學識，完善自身之道德，或執教於杏壇，或研究於翰院，或逞辯於稷下，或著述於漆園，皆能欣然自得，盡一己之才力，嘉惠上林，客觀上也就是為人民服務了。其下乘如鄙人者，學識道德都談不上，但總算不欺騙不剽竊，為人民也沒有服什麼務，但總算不害民，不過是「為己」讀了幾本閒書，讀時娛己，講時娛人，發表後娛眾而已。肥肥一條蛀蟲，蛀的不是國帑，是自家買的書，雖蛀而非害蟲。偶有二三知己，讀書遇攔路虎，打來電話不恥下問，亦不過一些雞毛蒜皮小問題，那條瘦蛀蟲回答了，放下電話，要喜歡十分鐘之久，還去照鏡子。此則「為己」讀書之一樂也。

讀罷，不禁令人感慨一番了。想我輩讀書不過是囫圇吞棗的看過算完事，至於「娛己」、「為己」還稍欠火候著呢。想來，有這樣的讀書人在周圍，也會使人發力去好好地讀一回書了吧。

# 好玩的陳村

陳村終於把他的日記公佈出來了。拿到《五根日記》時，就在想，陳村那麼老了啊。想想也是，「認識」他也是好多年前的事了。而書名中的所謂「五根」，是上海的一句俚語——它早先是指鈔票，十元稱作一根，不知何時轉為歲數——十歲稱一根，五根就是五十歲。書中收錄了他五十歲這一年的日記、通信、隨筆和網上帖子。

最早認識老陳村是在網路上，那時他是「躺著讀書」的版主，他的好鬥是出了名的。經常看見他跟別人拍磚，鬥來鬥去的，無非是為了一個道理，有時我覺得他像真理的捍衛者，為一個道理，不厭其煩地向別人解釋，可是很多人不明白，解釋起來未免有些麻煩了。在他的日記中，我們可以看到部分的文字，比如他對超星的態度，顯示出了一個作家對版權的重視，更是知識份子對知識產權的提醒。陳村在好鬥之餘，如果做起研究來，還是蠻認真的。比如對魯迅資料的利用，招募一些網友整理等等，都是難得的事。

後來，他混跡於閒閒書話時，依然看見他爭論的影像，這在書中也可以看到部分。再後來，他乾脆在天涯註銷了，只用了個「陳村在上海」的網名，很少發帖子了。最後，他乾脆跑到另外一個網站做他的「小眾菜園」了。在那兒，他經營得很好，因為實行邀請制，不怕別人來搗亂。我偶爾去那裡閒逛，看看他的菜苗長勢如何，還是禁不住讚歎，菜長得不錯的嘛。

　　老陳村寫日記，應該是寫得好玩的吧，起初一直這樣想，因為他人不僅好玩，談話也有趣。比如在《我們拿愛情沒辦法》中的對話，就好玩的多。但是，這日記，他寫得正兒八經了，段子沒有了，趣味也沒有了。比如說去一個飯局，就是寫去了那些人什麼的，沒有更多的描述，未免叫我這樣想「窺視」他的日記的人失望了。而在網上曾引起過軒然大波、讓人笑痛肚皮的〈斗膽教訓年輕人〉、〈話說李敖〉、〈話說胡蘭成〉等妙語奇文也被收錄其中。可以說是彌補了些缺憾吧。

# 無形光陰的書頁上

　　著名的莽漢詩人在 1980 年代常常乘車趕船、長途跋涉互相串門，如同趕集或走親戚一般，走遍了大江南北，結識了無數朋友，在朗誦和吃喝中尋找詩歌。若干年過去了，再回首看看當初積極的莽漢們能堅持寫詩的還有幾個人呢？如果要對此做一番梳理的話，就會發現，李亞偉的《豪豬的詩篇》可能算是碩果僅存了。

　　在這部詩集中，李亞偉向我們展現了莽漢們當年的詩歌行為，但他的注重歷史與地理是與其他詩人不同的。因為縱深的歷史感覺使他能夠輕視當代同行，輕視單一觀點；地理則讓他找到了自己的優勢。我注意到，在第三代詩歌運動中詩歌流派眾多，紛爭自然不可避免，而他能從整體上把握詩歌的方向，同時他更願意從不同的角度敘事，不簡單地重複走過去的路。因此，他的詩歌也就與其他詩人有差異。

　　據說，現在很多人都在傳頌李亞偉的一段話：

　　　我不願在社會上做一個大詩人，我願意在心裡，在東北，在陝西的山裡做一個小詩人，每當初冬，在心裡看著漫天雪花紛飛而下，推開黑暗中的窗戶，眺望他鄉和來世，哦，還能聽到人世中最寂寞處的輕輕響動。

　　許多人對此進行了各種解讀，諸如關鍵字是「在心裡」，「人世間最寂寞處的輕輕響動」如果在詩意上處理得巧妙「它的聲響也是巨大的」。這種解說實在是無法接近李亞偉所要表達的。

　　我更願意相信的是，李亞偉就像金斯堡之於「跨掉的一代」一樣，一直在體現著流浪、冒險、叛逆精神與實踐的，然後把它們記錄在無形光陰的書頁上。

# 黃集偉的八卦

　　第一次讀黃集偉的語詞筆記是多年前的舊事了。那時不懂得網路，得到新語詞的渠道也不多。看《請讀我唇》，那可真叫新鮮。黃集偉是個耳朵很饞且嘴巴很貧的人，這保證了他的資訊來源的廣博和傳播速度的快捷，加之天生的情與趣，使得他的每本語詞都不僅與時俱進、活色生香，而且都多少有那麼點「意思」，讓我們讀來饒有興致乃至忍俊不住。他一冊一冊地寫，然後我就一冊一冊地讀，新書實在太貴了，就等個半年吧，舊書攤上準有。當然，不是說黃集偉的書不好賣，是因為讀完了就扔那種吧。好在，現在扔了書，可以去他的部落格──孤島客轉轉，一次偶爾的發現，就經常去。那裡可真八卦。就像最新出來的《習慣性八卦》。

　　近年很廣泛地流行一個詞兒：習慣。就是市面上的書也有好幾種這類的書，如《習慣贊同》、《習慣的力量》等等，習慣現在幾乎普及成了集體的行為意識。但和八卦遭遇，就顯得有趣了，屬於「強強聯合」。八卦當然是拒絕嚴肅，又無傷大雅的事。但到底是飽暖之後的事情了。可以想像的出，這樣的八卦就類似於一場個人 PK。

　　這個時代變化太快。所以各種新詞層出不窮（網路奴隸、國民幸福總值），就是舊詞一變臉也有了新意，如個人公關、新貧族等，在我這樣懶散的人看來，要記住就不是一件容易的事。可好，黃集

偉就做這個活兒，往好了說，是民間詞語收藏家，但我覺得這更像
廢品收購站的老闆，好歹先收下來，然後慢慢淘。所以，那些詞語
在黃集偉看來，一定是妙趣無窮。

寫在書邊上

# 第二篇

# 書邊上

# 讓腳步等等我們的靈魂

　　近日，在一雜誌上見有沈勝衣的文章〈領悟書扉上的行色〉，是跟書有關的一些尋常記錄，令人喜歡的是，他在寫香港時，卻說「這裡有廣大的浮華，卻也有極大的靜氣」，這是行色匆匆的只看景點的旅行者無法體味到的。大概每個愛書者在繁華的都市裡都能尋見一片安靜的角落，儘管地方不大，但能悠游於各種書的中間，這可以說是讀書人有福了。

　　在見過各個城市的熱鬧之外，歡樂倒是歡樂了，可是仔細想起來，那不過是一種感官的享受，而一疊照片豈能說明看了那個城市的面目以及文化底蘊了。在許定銘的《醉書隨筆》、謝其章的《搜書記》或范笑我的《笑我販書》等書話中，不僅可領略各地的人文風情，還能見識時人的讀書趣味，這自然比靜下來慢慢欣賞風景的好，畢竟是來去匆匆、視時間若金錢的人難得體會到的。於是，還是不免感歎幸好有書為伴啊。所以，每到一個地方，少不得要去尋書訪友，那種樂趣就像沈勝衣說的那樣，「安靜的午後，拉家常，談文事。」也是一大快事了。假如遇見一位智慧的老人，更有一種意外的驚喜了。不管是與粗略豪爽，大大咧咧，還是清清秀秀，淡雅素淨的人相見，都能體味出一種光風霽月，直令人讚歎是一種天上人間的風味了吧。

　　我雖然有時也會到一個城市看看景點，然後去尋找一些老風景，或看名人故居，或尋書或訪友，可總是匆匆走過去，很少花時間把腳步停下來，認真做一點思考或研究什麼的，很顯然我不是那種能將一些東西分離的清清楚楚，或說是天地之清明決絕的人。所以，在看過一些地方後，居然發現印象深刻的地方反而不多，大概是太世俗了些吧。這樣的遺憾是難於彌補的，好在有不少有趣的書能讓我們流連忘返，這些不快就算不得什麼了。

　　唯有在讀書時，恍然把一切都看了個明白。不管如何的忙亂總得有時間停下來休息的啊，此時才會想到，是該讓腳步停下來，等等我們的靈魂的時候了，就像塵翎說的那樣，「巴黎女子總是不老，她們總是愛著，也被愛著。」正是由於這樣的閱讀體驗，才不會使人在塵埃中變輕變小的吧。

# 看舊書的心情

最近，新書看的少了，更多的是舊書。舊書大都不是正史，是邊角餘料、隨手而記的筆記，但很有些可觀的地方，說來，是自己在新出版的書中，看不到的東西。看這樣的舊書，心情自然會好一些不說，還特有讀書的感覺了。

新書不是好看的不多，實在是沒那麼多餘錢浪費在新書上，今年的新書，普遍上漲了價格，對愛書人來說，這是十分不妙的事。反正工資沒得漲嘛，賣新書的話，就要把其他的錢擠一擠，這樣下來，固然能買到幾冊書，到底是與事無補的，只好放棄了。那些舊書就不一樣了，同樣的錢，隨便選家舊書鋪，都能買回一大疊好書來。固然有便宜可佔，也是因為圖書出版到今天這個地步，每年有十多萬種，到底是太陽下無新事，不過炒陳貨多一些而已。正如清末文人孫寶瑄在其《忘山廬日記》中稱：「以新眼讀舊書，舊書皆新書也；以舊眼談新書，新書亦舊書也。」所以我的朋友建議說，未必讀了萬卷書，就能學到很多東西的。

這個說的可能有些偏激，但我覺得既然如此，不妨選一些好書可看了。昨天，跑去書店看了一通新書，收回一肚皮的感慨，結果是一本書也沒買下。這樣的狀況是以前沒有過的，我擔心是不是我去的勤快了些，新書還沒來得及上架。可事實上不是這麼回事。

　　好在，還有舊書可買，多少可以翻看一下，舊則舊矣，卻能看個賞心悅目。比如我偏愛的有一套小開本的契訶夫小說選集，二十餘種，汝龍先生翻譯的，我寶貝似的在舊書鋪見一冊買一冊，雖然近年還出版了他的上下兩冊的小說選，到底比不上這套書的。岳麓書社出版的沈從文別集也是我極為喜歡的書，後來，又有新版本，價格高的離譜，實在是不可想像的事情了。

　　打一個比方是，看舊書如遇舊友，多年不見，忽然街頭邂逅，那種感覺，除了親切之外，還有一種熟悉的味道。一下子許多往事湧上來，甚至會出現某一天，看到那一冊書擺在書店的位置，因為種種原因，失之交臂了。這一失就是好多年，這一遇自然是興奮不已，感慨也會隨之上來了吧。

　　另外，在閱讀的過程中，還有一種體驗是，舊書特別是線裝的舊書捧在手中，或是一杯普洱茶置於案頭，斜斜昏黃燈光之下，或是窗外秋雨霏霏，滿地的落葉，獨居天地之一隅，這種讀起來的感覺，確實比翻新書受用的多。這不是因為自己偏愛文化人的這種情調，實則是讀書仍然需要一種心情的營造，要不，胡亂地翻書，在我看來，多少是糟蹋時間的事。

# 雪夜枕邊讀薄書

　　金聖歎說，在風雪之夜，閉上家門，讀禁書是人生一大樂趣。不過，時下禁書少了，可讀的禁書就更是奇少，不讀也罷。雖然不能體味金聖歎的樂趣，倒也是無妨在雪夜裡，一個人靜臥家中，展讀一卷詩書，也算是難得一件趣事的吧。

　　時下出版業發達，圖書是越來越多，走入書店猶如入寶山，且喜且憂。喜的是書多，憂的是無法遍覽。看看這一冊，瞅瞅那一卷，無不面目清新可喜，裝幀更是趨向豪華，圖文並茂倒也罷了，卻在封面打上暢銷多少冊或某名人推薦作序，似乎你不買一冊回去就落了檔次似的。看到這樣的書，只好遠遠躲開，實在是怕這樣的書拿回去不但不使漏室增輝，反而襯托出它的寒磣了。於是，主意打定，只尋薄一些的書。但這樣的書少不說，滿意的更少。只落得搖頭歎息的份了。

　　幸好書店也不全是如此。不經意間，在書店的角落尋見一疊書，薄，面目雖然清新，但已呈「菜色」，好在內容不壞，都是曾經尋覓之書。立刻交錢拿書走人，似撿了個絕大的便宜。但實則是怕店員在背後嘲諷傻帽兒一個的了。

　　買這樣的書回來，大抵是適合過冬的。畢竟冬夜漫長，簡直不知如何打發，電視自然不看，那些節目倒是浪費了不少光陰的了。

別的娛樂活動也都一一推卻，畢竟是天冷，在外面活動對於我來說是頗為畏懼的，怕是受不了這樣那樣的風冷月清。

外面下著雪，偶爾聽得幾聲雪聲，風在呼呼地吹。手拿一卷薄書，不妨讀將起來，要是那些裝幀豪華的厚書，無論如何這樣讀法都是不適合的。薄書倒好，一兩百頁，看似薄，卻內容扎實，不含水分，又裝幀可觀，不管在被窩裡身體如何輾轉反側，都是適合的，如果讀的興起，也不妨在書的旁邊作一下批註之類的事，若更為誇張的話，則是直立起來，手拿書卷，彷彿與作者辯解，說個一通，忽然覺得脊背發冷，才意識到自己在做什麼，趕緊入被窩，繼續讀下去，這樣的快意恩仇也是讀書的難得境界了。

薄書在我看來，妙在紙短情長，比如手邊的這樣的薄書有介子平的《少年文章》、張詠的《草龍堂讀書記》、凸凹的《包穀酒噎打起來》等等，他們都是未能見面的朋友，在雪夜裡閱讀，更有一種情致，仿如在這樣的夜晚，一盞燈光之下，對談，偶爾端起香片，茶香與書香混合在一起，難以分清彼此，就這樣才算有讀書的三昧了吧。

別人在寒風中奔走於歡娛場，吃吃喝喝，雖也痛快，卻是不同於這樣的有趣一些。記得以前在鄉村中，如此的讀書，一個冬天也就輕易打發過去了。而今，處在城市，為生活奔波之餘，即使手握一卷書，躺到床上，不到半個小時，就昏然睡去，哪兒還能體味出雪夜枕邊讀薄書的妙趣。

# 書報話舊

　　以前，在洛帶鎮上，有座塔，叫做字庫塔，據說，凡是寫有字的紙張不能隨便亂丟，更加不能作為便紙，否則會生痔瘡，都集中起來焚燒，就建了這個塔。愛惜字紙，古人做的事情不少，但在今天，似乎是微不足道的事，電子書、電子雜誌都避免了這些問題，如我這樣愛讀書的傢伙，卻還是常常願意拿起紙本的書報來，儼然是老古董的樣子了。

　　每次搬家，財物有限，隨便一車就可以拉完，最大的物件就是書報，書就不說了，大概也有那麼幾千冊的吧。這些書大都是一冊冊辛苦淘來的，捨不得丟。那些舊報，日報、週報，本地的、外地的，娛樂的、財經的，簡直是五花八門，花花綠綠，它們是一疊一疊從書報亭買回來的。當時為什麼買？是因為封面，還是由於內容，早不記得了，反正是整理一回，覺得有意思的，就留下來，過個一年半載，再整理一下，淘汰一些，如此的日積月累，往好了說，是大浪淘沙，其實，也是一種負擔。這負擔今天還在增加，畢竟有趣的報紙，還是有一些的嘛。

　　其實，這些報紙用處也不大，大都是跟成都這個城市有關的吧，它們從不同的側面反映了一個城市的變遷，久了，也就成了一座城市的記憶，當然，它不是帕慕克筆下的伊斯坦布爾。閒時，把它們

一一翻檢出來，某年某月發生了什麼事，媒體做了或好或壞的記錄，這些都不太重要了，它們猶如晾曬昔年的往事，一幕幕，在我看，都很好，儘管這期間可能夾雜著些許小憂傷。

前幾天，我又把這些舊報翻檢了出來，碼在那裡，極像一座小山：有自己最早的習作，有朋友的文字，有喜歡的作家，有喜好的版面……它們擺在那兒，頗有些壯觀。我沒把它們一一裁剪下來，然後找一個本子，再分門別類地加以整理，儘管這樣做，找起資料來很是方便。但我知道的是，我們的生活哪兒是這樣分門別類的過呢？

還是自然一點好。我忽然想起了鄭逸梅的《書報話舊》，他談的當然是屬於文史性，而且是清末民初，「老年人往往記遠不記近，年代較遠的反而記得清楚些，近的卻模模糊糊，不甚了了。」他這些解釋，不過是因為距離太近，涉及的人多，不便說而已。這大概也是一個文化傳統的了。不過，在今天，電子書、電子雜誌大量出版的今天，買書報也成了奢侈的事。畢竟電子產品是不喜歡了，處理的方式更為快捷：按一下滑鼠，就可以一刪了之。

看著這些舊書報，心裡不由得唏噓，也許過那麼一段時間，它們就發黃變脆了，也許哪一天會被丟掉，就像我們丟掉那些用不著的東西一樣。

# 蹭書

　　一個人吃飯有時似顯無趣，只好到處找人搭夥，或乾脆蹭飯。對單身青年來說，是很享受的事情。一單脫離了這個階層就不一樣了，你再去蹭飯吃，也許別人嘴上不說，心裡也不大痛快的。但對於書，就不一樣了。因為喜歡書，買書看書就是常事了，更何況偶爾還做一些跟書打交道的事，這蹭書，也就成了一種習慣。

　　這蹭書可大有學問，首先是看書的好壞，書好才有蹭的必要，而與被蹭的人的關係，也決定了蹭書的級別。比如在書市有這麼一本好書，剛好遇到出這本書的老大，蹭一本沒多大問題的。但這也有例外，人家的樣書也不是隨便送人的，再說這也是為了控制成本嘛。能理解自然好，不能理解只能抱怨，「還是多年的朋友，連一本書都不捨得送啊」。有段時間我常常去一家公司蹭書，好歹都收下，即便是十分中意的書就擺在那兒，他不說送，你也不好意思開口。但你只要對那本書多瞄幾眼，說不定他會忍痛割愛，在你臨走的時候才會送給你，畢竟都是愛書之人的嘛。

　　有了這樣的經驗，蹭書也就廣泛了。看到熟悉的出版社出了本好書，趕緊上網找編輯要一冊。遇到朋友出書，那就更是非蹭一本不可了，而且指明要簽名本，否則，就拒收，大有欲罷不能的氣概。若對方是「毛邊黨」，又要加上一條，還得是毛邊本。其實這絕不是

朋友的書壓根兒送不出去，而是這樣一來一往就多了書的趣味。我的不少簽名本都是這樣得來的。

有的朋友是做出版的。時常很豪爽地說，你要是看中了我們的書，隨時告訴我，我給你就是。但那可不是免費給的，而是拉近關係。要不，下次再遇上了，你肯定會問他：「整天看你忙著呢，這一年出了啥好書？」如果有，接著就會說：「怎麼沒給我一本？」這當然是玩笑話。不過，這都能輕易得到一些好書。畢竟是出了一本拿得出手的書，既掙了銀子，又要了面子，還不到處顯擺？不過，這也是蹭書的良好機緣，一旦錯過了這個村，就沒下個店。

不過，我很少去書店蹭書，一是店老闆辛苦找來的書，你蹭去了，雖然值不了幾個錢，但到底是於心不安。看著別人在書店蹭了書，還到處宣揚，「那家店老闆不懂得書，我就蹭了好幾冊走。」其實，不是他不知道書的價值，實在是某些時候，人情比一本書的價值還大的多。

蹭書講的就是一個臉皮厚，但還要足夠熱愛書，你才能蹭到書。你拿到書，轉手都丟到廢品站或舊書攤去，那樣，下次即便是再好的書，你也蹭不到了。畢竟一本書且不管內容如何，隨手丟棄既是對朋友的不尊重，也是對書的不敬。古人的一個「敬惜字紙」就很能說明問題。

但對一個愛書人而言，蹭書並不是單純的為了一本書怎麼樣，而是圍繞著一本書，發生許多有意思的故事。這大概才是書蟲所津津樂道的。

# 書到用時方恨少

一直很羨慕讀書人的生活，浸淫在書中，彷彿神仙一般，卻又對世外洞若皆明，談起書來更是頭頭有道。佩服歸佩服，沒那個能耐在書中遨遊，只好浮光掠影地看一下書，也算不上做學問，頂多是下次見著讀書人不至於無話可說。

可好，到了雜誌社，才知主編康莊亦愛看書，看的內容很龐雜不說，簡直沒有他不看的書，每週都有一兩包書送到辦公室來，在他的書櫥上寫著：書與老婆概不借也。有些戲謔，但不管如何，都是學習的楷模。這一下，也就欲與主編試比高，閒暇時間差不多都打發給書了。有時在豆瓣網上看好書推薦，也很有心得，於是，就比賽著看書，雖然沒比著做讀書報告，也是有點狠勁在，要知道現在每年出版的書多，好書要挑選不說，讀下去大有收穫才是更好的。

更何況這讀書看似無學問，卻學問大著呢，選書、看書都要有一個過程。不少大家都是如此歷練出來的。再說，現在處在城市之中，既不能處江湖之遠，又不能離應酬太近，總之，是左右為難，也就只好在業餘讀書了。讀來讀去，也不見長進，實在是沒把握住讀書的竅門，直到有一天曉得了，再一路讀下去，猶如桃花源剛見一番新天地，自然驚喜非常。跟主編比著讀書也是辦公室的一景，假以時日，必見成績。這麼一說，讀書也是難免有功利的一面的了，這不要緊，要緊的是自己明白讀書為何就是。

那一天讀龔鵬程的《書到玩時方恨少》，他說到旅遊時，十分的感慨，也令人警醒：

> 至於金石、人物、掌故、藝文、釋道之詳，誰也不甚了了。去玩時，既不可能帶著書去，亦不可能預先曉得會看到些什麼，會有什麼難疑待考之處，有什麼知識須要補充，故亦不知相關的書該有哪些。到了旅遊地，則除了哄觀光客的旅遊介紹外，大抵也買不著什麼真正值得參考的有用之書。回得家去，累極了，睡覺都來不及，又怎麼有閒上圖書館去翻查資料？縱或去了，地方文獻泰半也搜集難周，因此終究是弄不清楚的。

他給出的方子是「工夫不在旅中，乃在於平時的涵茹積漸」。更有人說，這讀書還是慢讀要緊，但仔細想來，我們可也不是時常感慨「書到用時方恨少」？即便是經常讀書也不過是興致之所至，談不上博大精深，那須下番工夫不可。我有個朋友即是如此，看上去一個十足的書呆子，隨時隨地都帶一卷書在身邊，只要有閒就讀下去，長久下來自然是有學問的了。

還有一位朋友建議，每天讀書堅持半小時，堅持個幾年，也是大有成績的。但到底沒那個耐心堅持，一煩躁了，十天半月把書擱置在一邊，像冷落的新娘一般，再親近都覺得有些距離了。不過，讀書這事到底沒捷徑可走，若有的話，在我看來也多半是不靠譜的事。

好在讀書多少是件奢侈而又幸福的事。既然曉得書到用時方恨少，那就笨鳥先飛一回吧。

# 在網上買書與販書

最早接觸孔網大約是 2004 年，那時我在一家讀書報紙做事，自然關心圖書大事，偶爾也買些書，作為娛情娛樂的業餘愛好，那時，自然是極為佩服藏書家的氣魄，我一打工者如何在都市能有藏書的地方，簡直是想也不大敢想的事了。好在，每天出入孔網，倒也學到不少東西。其實，看見不少心儀的書，不免手癢，但礙於租屋而居，只好放手，看見別人拍得好書，也是高興的事了，我不藏書，好書落於別人手中也是情理中的事。

後來，終於是按耐不住，在孔網註了冊，開始了網上買書生涯，記得買的第一冊書是在淘書齋。因為平時閒逛書市，也常常去淘書齋，由此，買書倒方便不少，只要看到中意的書，趕緊下訂單，然後擇週末去取書，倒也得淘書之趣，有幾次是我看到好書，剛下了訂單，朋友剛跑到書店去找，我自是不由得慶幸自己的下手快，否則那些書也就可能失之交臂了。

在 2006 年春節，因為從成都回老家安徽，不免想像來個網上購書之旅，比如在西安、鄭州、合肥會一會舊書店，也是春節的一段佳話也未可知。不想到了春節前，回安徽已經臨近春節，自然是無法去流覽舊書店了，而春節後，大多舊書店是在正月初七八才開門營業，如此一來，時間上錯不開，因我初五要回成都，想來不免是一大遺憾的事，好在以後還有機會重敘這段佳話。

　　不想在孔網買書是一發而不可收拾，前前後後買書近百冊。記得有次在毛邊書局訂書若干，說了取書的地點，而怎麼都找不到那地方，想是自己記錯了，或老闆告訴的不詳，又上網查看一番，再給店主電話，果然與上次說的地方不同，好在接下來就跑到書店去，取了書的同時，店主還贈送了《毛邊書訊》的毛邊本兩冊，以及一副文化撲克，是湖北的黃成勇老師所在的《書友》設計的，不禁大喜。

　　當然，這以後少不得常常上網看書，看舊書拍賣，見識不少有趣之人，更是結識了一些書友，比如沈勝衣、OK 先生、子非魚兮，都是身懷絕技，縱橫書業的愛書家，從他們身上學到了不少有用的東西。

　　在 2006 年的 8、9 月，與幾位書友閒話，說起孔網的故事。他們就建議說，你既然如此喜歡書，何不在孔網開家書店？我雖然喜歡書，也常常在新舊書店閒逛，到底覺得自己不大像讀書人，於賣書雖然有新華書店的經驗，但那與網上書店還是有很大的差異的。我說了一些不適合開書店的理由。後來，他們多次拿開書店的事來慫恿我。我到底是個意志不大堅強的人，經不住這種勸說，就大膽開了家書店，取名：讀書公社。

　　開店之後的麻煩是出乎我的意料，比如尋好書就是一個問題，自己沒有進貨渠道也，只好頻頻出入舊書店，淘得一些書再賣出去，如此經營也是不得其法也。這中間，還鬧過一次誤會。書友笑遊閒賞訂了兩冊書，然後他給我電話，我說收到匯款後即寄書過來。剛好第二天，朋友在外地組織一詩歌活動，非要參加不可。而我留的電話是小靈通，只能在成都用，笑遊閒賞第二天打電話怎麼都打不通，於是就在網上發帖質疑書店的真實性。我一去外地三四天，沒

有來得及上網，自然不知道這些事。回到成都，看到論壇的消息，很是驚詫，趕緊給他聯繫，給網站客服解釋，等查到匯款到賬以後，把書給笑遊閒賞寄了去。幾天以後，他在收到消息後給我發消息說：「非常感謝　書收到了！希望消除誤會，多多往來！另外幫我關注一下《詩苑譯林──北歐現代詩選》，北島翻譯的，1987 年湖南人民出的！謝謝！」這件事提醒了我，要做好點滴的服務才是網上書店的長久之計。

在孔網這些時日，給我的感受最大的，就是熱忱地為書友著想，網站做大做強也不是多麼困難的事。

# 閒話讀書

　　如何讀書，看起來似乎是很簡單的問題，然而，這其中大有學問。曾看過介紹，說讀書有八法，又有人說，小心那些唯讀過一本書的人。好像這樣一來，我們便可以輕鬆地讀一本書了。其實不然，因為讀書是很吃苦和費時的事。但我更願意這樣來看待讀書：它就是娛人娛己而已，無論是長知識或者尋找情趣，都脫不了這一層。

　　就像無人能借助閱讀而變得年輕一些一樣，我們的偏愛總是傾向於好書的。然而，在眾多圖書中，如同在任何地方一樣，「好」並非一個獨立自在的範疇：它是由它與「壞」之間的區別來界定的。一個作家要想寫一本好書，他就必須閱讀大量的低級書刊──否則的話，他就很難獲得必需的標準，對讀者而言，「好書」並不是那麼容易找到，因為在資訊迅猛發展的今天，許多所謂的「暢銷書」並不具備「好書」的標準。因而，在我的視野範圍內，總是把它們排斥在外。

　　其實，讀書是很私人的事，照我的標準來看是好的書，於別人而言，也許不會是什麼好書。而我評判好書的標準是它是否能滿足更多的人的需求。

　　布羅茨基說，我們必須設想出一個可以使我們獲得節約之假象的系統。當然，這並非一種否定去否定那種在閱讀一本大部頭的、

情節緩慢的平庸小說時可能會有歡樂；我們有可能同樣歡樂地沉浸於時尚。其實，我們閱讀，並不是為了閱讀本身，而是為了學習。讀書需要一種捷徑，除此之外，在現有印刷品的海洋眾，我們還需要某種羅盤。在看了許多書之後，才不會在密集的語林裡迷失方向。

清代畫家鄭板橋曾寫詩說：「讀書數萬卷，胸中無適主，便如暴富兒，頗為用錢苦。」他又說：「五經，二十一史，藏十二郭，句句都讀，便是呆子，漢魏六朝，三唐兩宋詩人，家家都學，便是蠢才。」鄭板橋強調的是讀書求多是無用的，而應當精選出自己有用的書，要學以致用。雖然這有些功利主義，但到底是能給自己帶來一定的效用，否則，便是無用之書了。

因而，讀書更是顯得無比艱辛了，有了一點樂趣也是一種難得的驚喜。

# 快進和慢讀

讀書本來就是為了好玩，但時下的書雜亂的很，常常是看到書名，以為是本好書，看不了幾行，就發現內容實在糟糕，這種令人鬱悶的事相信每個讀書的人都會遇到幾回的。但在我看來，現在的書大致可以分為兩類：快進的和慢讀的。

所謂快進，就是說一本書看了開頭就知道結尾，其中以時下流行的各類小說為多，哪怕你是作者設定的模範讀者，也會有翻一下就完了，想要看點有意思的描寫啊敘事啊什麼的，都成了奢望，但那些書評家們卻為小說叫好不斷，直令人擔心這些人是不是紅包書評，還是自己水平欠佳，跟書評家無法相比。有一類文字也是適合快進的，就是專欄。現在各大報刊雜誌都在做專欄，作者自是很雜亂的，堅持個一兩年的專欄自然很少了，幾近異數。專欄作者寫來寫去，不求長進，就免不得灌水，於是，可以賣弄什麼或者引用一點時髦的文字，再解釋一下幾百字就夠了。這樣的專欄剛看幾篇，好似很有學問，很牛逼（編者按：很厲害之意）似的，看多了，原來就是複製粘貼的活路，自然是掃一眼就完了。當然，那類不看完不甘休的書，比如《聽愛》是不是這種類型的。

其實，除了這樣的作品之外，能令人靜下心來，慢慢品讀的書還是有的，不過，它們肯定不是暢銷書，但你一看上它們就會慢慢

地讀下去，也許花個幾個月幾年才讀完也未可知。這類書大多充滿智慧，而又有些有趣。比如費爾南多·佩索阿的《惶然錄》，我經常選擇在深夜，一方面主要是出於對作者的尊重，他永遠都是選擇深夜進行思考的。另一方面，我也會在這個時候找到閱讀他的衝動，白天總是喧囂，過多的慾望與佩索阿有些格格不入。閱讀佩索阿，真的會使人變得沒有志氣起來。所以，夜晚的佩索阿很適合檢討自己的行為與思考。這本書買了一年多了，至今還沒有看完，昨天，我又讀去了它，不過才數十頁罷了。

　　還有一類書是適合慢讀的，它們有時詼諧，有時嚴肅，有時又是另外一副面孔，假若你不小心，快讀而過，總會不經意的把那些有意思的話放過，反而會走到作者的反面去。這樣一來，一本好書就會失掉了原來的趣味。在我有限的閱讀生涯中，可沒少犯這樣的錯誤，只有等回頭再次閱讀它們時才發現自己錯的多麼不靠譜。

　　所以，在面對眾多的圖書時，很難一下子看出一本書的好壞，唯有多讀幾行才能清楚一些哪些適合快進，哪些適合慢讀。

# 與三聯相約

由於常常逛書店，常常把書帶回來，以至居室的空間越來越小。但每每看到她們，滿心裡是愉悅。查查歷年的書賬，也是有趣的，可自己向來疏懶，連這個都不大記，所以要寫一寫淘書的事，也就是漫記。不過，在我所淘的書中，「生活‧讀書‧新知」三聯書店所出版的書，是最多的。

大概我買的第一本三聯的書是《傅雷家書》，那是 1999 年的事情，是在舊書攤買的，而且是初版本。這本曾經風靡一時的書我讀來卻覺得十分拗口，不是他的話語方式，而是在博大的思想後面有幾許嘮叨，我最終也沒讀完。不過，那以後，我陸續買了不少三聯的書，比如《讀書文叢》，那是一冊從舊書店淘來的，小小的開本，素雅的封面，一看之下就有說不出的喜悅。後來開本改了，裝幀也變了，雖然名為讀書文叢，卻是有股怪怪的味道。那些讀書精選，也是小冊子，讀了，一樣的有驚喜。

至於《文化生活譯叢》與《鄉土中國》系列更是喜歡得不得了，它們不僅使我瞭解更為廣闊的世界，同時也打開了視野。所以常常去成都的那家弘文書局，看看又到什麼新書沒有，有時一連幾天不見有新書上架，不免著急為何久久不見新書。好在這種等待的時間不是太長，因為接下來的某一天，會有成包成包的書運過來，不用猜就知道那一定是三聯的書。

　　《閑趣坊》也是我極為喜歡的一套叢書，不論是談書，還是在說吃，都有不少的趣味。比如車輻的《川菜雜談》，可以說是美食的索引。車輻不單是美食家，他對成都的名小吃和鬼飲食的憶舊是那麼的美好，讀之思之，不禁讓人為之叫好。他對成都的一些名小吃的消失除了感歎外，還提出了發展的觀點，我在成都數年也見過成都名小吃的興衰，雖然有的發展迅猛，開了不少分店，但似總和舊日風味相去甚遠，原是不足為怪的，至於《老饕漫筆》、《大肚能容》、《品味傳奇》、《文人飲食談》等書，有意思的片段更是不少。

　　可以說，三聯書店所出版的書不僅有品味，更是懂得生活。比如范用先生的書或他編輯的，都是具有意義的好書。說到他，我最早知道他是因為《文匯讀書週報》，雖然沒什麼交往，但從他的文字，卻是「陳年的家釀，是月下的獨酌，是楊柳岸邊微風細雨裡的閑釣」，可以看出他是一個很有趣的老頭。楊之水在《讀書》時還不顯山露水，但那以後她出版的幾種書，可以看出她對學問的執著與追求了。

　　我對三聯人的瞭解大多是來源於文字，「零距離」接觸的唯有《三聯生活週刊》的數人。比如朱偉、閻琦、苗煒等等，在我看來，他們的文字，他們的風格，在這個喧囂的新聞時代，他們不炒作，只是老老實實做自己的事，實在是難得的，這種精神按照時下的所謂時髦的說法，大概應該是三聯精神吧。

　　現在，我仍然保持著每週逛一逛書店的習慣，雖然可買可不買的書幾乎到處都是，看著那一冊冊書，多少也是心安，更何況在那些書中偶爾會有些許亮麗的身影，讓我覺得有幾分期待呢。與三聯相約，還從來沒失望過，這簡直是值得慶賀的事情了。

# 書店人也藏書

因為閒著無事，自己又喜歡淘書，遇到好書，也想著與書友分享，於是就在網上開了家書店。沒曾想這一開，就開了一兩年。當然這其間有不少故事可寫，就在報紙上寫開書店的酸甜苦辣。這些多少都是有些好玩的，別的不說，就靠這個結識了一批有意思的書友。比如南通市的張詠兄看上了　冊書，因他出了《草龍堂讀書記》，想著換書。由此我得了一冊簽名本，快意非常。深圳的笑看遊賞兄有次購買了一冊書，卻由此常常在網路上分享閱讀的快樂。這樣的事可真是難得的很。

在做書店的這段時間裡，諸如這樣的事經常發生。一位朋友喜歡這樣的文字，就轉到一個論壇上，一位叫「大嘴蚊子」的書友留言說：「書店的式微，與個人與個體的努力程度無關，閱讀的習慣與方式才是關鍵。新書可能要好些，舊書真的日落西山了，愛書人不可能經營好書店，因其愛書，好書惜售，索價必昂，長此以往，如何吸引讀者。所以，愛書人不要做書店，賣書人不必藏書。」更有網友說，「賣書的不看書，買書的才看書」。

我很同意他說的書店式微的因由，但說起賣書人不必藏書，或不藏書，賣書人不看書，但我以為這樣的說法是有些片面的。就我而言，所謂的賣書不過是圖個交流而已，遇到喜歡的書，是不肯拿

出來賣的，由此也集藏了一些比較好的書。這是不是算得上收藏？我看是的。當然，這可能不具有普遍性，那就不妨再舉一些愛書人作為佐證吧。

成都作家冉雲飛不但收藏舊書，還在孔夫子舊書網以「敵人韋小寶」之雅號，開設了縹緗書局。按他的話說，是「在網上他經常把他收藏的而自己並不特別需要、別人卻十分需要的書放在網上交易」。2004 年，他決定退出書江湖，並由他的侄兒接手經營了。這當然是因為冉雲飛愛書，而其藏書量的豐富在成都書數一數二的，文史地理，教育家譜，可謂無所不包，這是他愛書的見證，正是利用如此豐富的藏書，他寫出了許多不同凡響的文章來。

特別有意思的是香港的書話大家許定銘，他不是一個專職文人，專門依靠賣文為生，只是在香港開過舊書店，熱衷於搜集各種現代文學圖書的不同版本，尤其是關注稍縱即逝的作家作品，如石懷池、周文、羅淑等一些較少被人提及的作家他都有關注。由此日積月累了不少文壇掌故，淘書趣聞，後來相繼推出了《書人書事》、《醉書室談書論人》、《爬格子年代雜碎》、《醉書隨筆》、《愛書人手記》等書，如果僅僅是買書，沒有些許藏書，再沒有對書事的仔細梳理，怕是這些文字都無法呈現出來了。

當然，這樣的例子還有一些。書店人藏書有其便利之處，不僅僅是他們知道書的版本好壞，在書江湖中更能遊刃有餘吧。事實上，書店人通過藏書，撰寫文章，把好書介紹出去，從而促進了書業的繁榮。賣書、藏書、讀書、寫書，大概是每個書店人的夢想吧。但不管如何，書店人正是有了這樣的癡人，迷人的書香才能在我們這個時代營造出氛圍來，想想，都不免令人心醉了。

# 書蟲的境界

　　大概每個書蟲生活都是相似的，但又各不相同。對我而言，看到好書如同與好友喝茶聊天一般的舒坦，別的不說，就是在這隨意之中嚐到讀書的甘苦。有時候書蟲可能看上去是書呆子味道十足，跟世事不通，其實不然，書蟲跟平常人的愛好沒有差別的，不管是不是稱為雅好，都是值得一記。

　　在池谷伊佐夫的《神保町書蟲》中，我們看到一個日本書蟲的日常生活：作者高中時代即愛書成癖，身陷書海、無法自拔。日本東京的神保町古書街歷史悠久，早在明治時代就是書店群聚之處，至今近二百家書店，有世界第一古書街的美稱。每個城市都有自己的舊書市場，在北京，這樣的書店聚集在潘家園，像上海的福州路、濟南的中山公園、長沙的定王臺、西安的文藝路、成都的送仙橋都是書蟲的聚集地，無他，只要有書的地方就有書蟲的。

　　不過，書蟲也分幾重境界，簡單而言，可以分為三重境界。每個境界都是不同的際遇所造成的，但毫無例外的是書蟲都需要像江湖中的俠客一樣，不斷地歷練，不斷地在書中流連，才能修成更高一重的功夫。

　　最初是看到好書就收，不管新舊書，收得雜亂，沒有章法似的，其實這些所收之書只能分為藏而讀之和藏而不讀兩類。這樣的藏書

法求的是量大，如此積累下來，大概得書不少，這是書蟲的初級階段。畢竟淘書是需要經歷和時間慢慢打磨的。

第二重境界就是淘喜愛的書，喜歡的版本、作者（如阿瀅收藏張煒作品、文泉清收藏黃裳作品等等），或同類如現代文學、戲劇、推理小說、方志諜譜之類的只要符合自己要求的書都一一收入囊中，這樣的好處是既能看見一個作家的全貌，也可看出一個時代的曲折變動。從細節入手，然後就可以加以利用，做些研究，最後自然就得出不凡的成績來。這樣的藏家不是為了藏書而藏書，而是將藏書變成自己做學問的方向，這樣的例子有陳子善、龔明德對現代文學的研究之作，而謝其章因有收藏老雜誌，進而進行研究，就推出了《封面秀》、《漫畫漫話》、《創刊號剪影》、《終刊號叢話》等書。

第三重境界就更高了，淘書只淘初版本、毛邊本、簽名本，不求量大，乃以精取勝，不符合要求的書，一概不取。這樣的淘書下來，自然所費不貲，因為符合要求的書太稀少了，更何況有些書是可遇不可求的，一旦錯過，機會不再來，大概只有抱憾眾生的份了。在《失落的書》中，我們不難會發現一些是我們沒有看到的經典，它們可能毀於水火，可能失落於人們的冷漠、瘋狂或偏見；有些遺失了，有些未完成。總而言之，這世間最脆弱的是書。

但對很多書蟲而言，愛書就是對書籍投以慈悲與無限的愛情。這樣有什麼的道理可言的呢？實在是說不出的。每一本書跟它的主人相遇也不是偶然的巧合，而必然包含著許多的曲折因緣在，要不，為什麼遇見的是這本書，而不是那本書呢？書蟲是不管這些的，畢竟是書因書蟲而生的。

# 書簡的魅力

書簡本是人事間交往留下來的見證，時下卻變成了電腦操作，就少了幾分趣味了。以前，文人雅士寫的書簡頗為美觀，專門製作的信箋，書法雋秀，看上去卻也是賞心悅目的。曾幾何時，書法似乎沒落了，毛筆字變成了鋼筆字，最後直接在網上發郵件，或直接電話溝通，快捷倒是快捷了，簡單倒是簡單了，怎麼著想起來都有點遺憾。

因了這個緣故，買書就少不得看看書簡類的。其實這不是為了窺探別人的隱私，實在是書簡可能比日記更見一個人的性情與學問，言而由衷，畢竟日記寫了要發表，不得不有所顧忌，書簡卻不一樣，詩人也存在著這種可能，若曲徑探幽，也就能找出一些故事的某些端倪。魯迅也說：「從作家的日記或尺牘上，往往能得到比看他的作品更明晰的意見，也就是他自己的簡潔的注釋。」《三詩人書簡》、《來燕榭書札》、《歐洲書簡》等都被收了進來，大概有幾十種之多。而這只不過是書簡文化中的一瓢水而已。

看了那麼多的書簡，不管是談學論文還是日常生活，都有不少的感慨，但讀孫犁的《芸齋書簡續編》，也有些驚訝，即便是像「文革」這樣的非常時期，他也是寫了不少信的，但都泛泛而談。生活不過淺淺幾筆，「一切如常」，「我一切很好，仍在報社上班」，好像

外面的世界發生的事跟他無關了，那份從容卻是難得的。書簡有時看著話語簡單明瞭，但卻時常不經意間透露出某種情緒來，微妙的很。有一位學者在某雜誌上解讀張大千的書簡，寫的似乎氣象萬千，其實僅僅局限於某個環境看，解讀得當，但如果放在一定的歷史環境中，卻難以說得上是周全的解讀了。所以，在對書簡的解讀上，我寧可看原文，不妨自己解讀一番，固然這樣的結果未必是高明的，卻是閱讀的樂趣所在，就像盧森堡在《獄中書簡》說的那樣：「不論我到哪兒，只要我活著，天空、雲彩和生命的美就會與我同在。」

書簡之所以惹人喜愛，就是它的寫法隨意，自然，不拘泥於法。這樣的書簡，即是不是收信人讀到，也能體會出它的味道來。前段時間，得了一冊《巴金的內心世界：給李致的 200 封信》，有書簡的影印，又有文字的解說，讀來，卻覺得巴金晚年實在有些悲苦。李致是其侄兒，每每來信，都是要書什麼的，不斷地索取，好像那裡是一個寶庫。有一次，要的書沒有收到，就又寫信說「《全集》我還得要。第一，工作需要。第二，您早封我為『藏書家』，要收集各種版本。還有什麼攔不平的？」不管如何，讀到這裡，都一定會有一些感慨的。

書簡文化是博大的，因為牽涉的內容過於繁雜，而且由於生活、文化的差異，造成了書簡的千姿百態，然而，卻很少見到有專門的論著出現，實在是一個遺憾的吧。書簡的交流功能在今天仍然發揮了作用。另外，通過閱讀不同的書簡，我們也能發現不同時代的生活面貌，畢竟書簡不會遊弋在生活之外的。因此，它的魅力也就顯現了出來，它不像日記那樣需每天記錄，卻又有了日記的某些風味，可以說是活動的「檔案」。

# 網路時代的讀書人

　　在網路時代，什麼要不要讀書？對很多人來說，都是一個疑問，畢竟現在網路、電視的資訊都很發達了，該瞭解的都已瞭解，讀書幹嘛？費時間又費精力的。甚至於還有人說，我自從學校出來以後，就沒再讀過書了。我很可憐地看了看他，沒說什麼，因為這時我還不能確定這是他的悲哀，還是書的悲哀。

　　說起讀書，我想起兩年前我跟《中國評論》雜誌主編在一起，旁邊的人說，哎呀，那本雜誌的內容很多都是網上都能看到的東西，為什麼還要做雜誌，而且定價三十八元。主編也是啞口無言。事實上，我們在雜誌，甚至於書中接受的資訊表面上是極其類似的，但它們在傳達思想方面卻有天然的差異，如一篇部落格你不可能達到一本書的高度。更何況書跟電子閱讀相比，兩者的差異也很明顯，只是個人的喜好而已。

　　且慢，如此一說，網路時代，讀書式微了。現在的出版物比以前任何一個年頭都豐富，這是不是因為讀者的減少，而造成了資源的浪費，這種擔心似乎也是難免的，卻未免有些杞人憂天，畢竟對很多人而言，電子閱讀的局限性比圖書的要大的多。在我的周圍，不但見不到圖書的浪費，連大家聚在一起，也都分享一下閱讀的感受。更有意思的是，彼此交流的多了，興趣愛好日益趨近，也就成

立了讀書小組，從現實世界擴展到網路，互動，而又親近的閱讀氛圍對讀書人來說，簡直是一種別樣的享受。

以我的觀察，讀書人在網路時代不但沒有減少，相反還有所增加，這是不能僅僅用精神需求就能解釋清楚的。究其原因就是在於人們在忙碌的工作、生活之餘還需要一個空間來調劑生活，否則就像一匹不停地奔跑的馬一樣，最終累倒在道路上。在成都，每個週末的舊書市場上的早市，都是人滿為患，想淘到好書，七點鐘開門，就得六點過就趕到，要不，眼尖手快的人多的是，一冊好書，還沒等你掃一眼，已入別人的囊中。這樣的經歷跟股市類似，卻又比股市有故事的多。所以，這樣的書故事常常在網路上流傳不息。

讀書，與電子閱讀最大的區別在於，你能在類似的氛圍中找到不同的閱讀快感。「快感」是網路時代的特徵之一，它追求的未必是完美的，而是暫時性中達到一定程度的享受。這就像我們在太陽下，慢慢地喝茶、看書，那能稱得上是享受的生活。此時，如果進行電子閱讀，是跟這個氛圍不相稱的，古人習慣於將這種行為稱之為煞風景。不過，這個時代我們看多了此類的事，是不是內心深處生出一種厭惡，甚至於煩躁，就像勒・克萊齊奧的《訴訟筆錄》中的亞當那樣，要做一個游離於社會之外的原始狀態的人。

儘管在我們困惑的時候，書不能給我們一些確定的答案，它卻能引人深思，甚至於能帶你漫步於思想的花園，與各類人物對話。那是一次次智慧之旅。是你在網路上找得到，或不是那麼深刻的東西。難道這些還不夠嗎？有好幾次，我這樣對別人表明我的讀書態度，他們常常微笑著聽，但有時也會反問一句：「你讀那麼多的書，也未必比我們高明啊。」確實是這樣。不過，讀書是為了使一個人變得高明嗎？

　　似乎不完全是這樣。我猜想，讀書對很多人來說，就如同走進迷宮一樣，不在於是不是尋到寶藏，而是你能不能在閱讀的整個過程中是否享受到了閱讀。到底讀書是怎麼一回事，大概只有不斷閱讀的人才能提供一些好的建議。就我的不多的讀書經驗來看，閱讀有時未必能帶給我們切身的利益，卻能讓我們受用終生，那原因就是在於閱讀之於讀書人，就是在喧囂的世界裡，不斷對自己的行為或思想的修正。

# 讓時間流入詩歌

2006 年，四川的詩歌民刊紛紛迎來周年紀念。《終點》就是其中之一，從影響來說，比不上非非，但她一直在堅持，十年後再回頭看，不少民刊停了，《終點》還在堅持，要說成績，這就是了不起的成績。

說來，我認識《終點》大概是在 2002 年，記不清從何小竹與韓東的《橡皮先鋒文學網》還是從詩人焦虎三的《新文網》逛到《終點文學》。一下子就吸引住了，此後，就時不時的溜達過去看一下，因為這裡有幾個我熟悉的詩人，說熟悉，不過是聽說的次數多一些吧。那以後，常常去玩，基本上是屬於潛水者。畢竟看他們寫詩，讀著也是高興的。後來，就建了個專欄，就常常把自己的文字放上去，在我，多少自娛自樂的味道。

某一天，田一坡在一篇評論中說：「朱曉劍的隨筆可能是為報紙寫的吧？我覺得作者更拿手的還是小說。」幾年一晃就過去了，小說當然寫得不成樣子，別的文字也在寫，總稱不上多好的。2005 年在成都我跟田一坡見過一面，給我的印象是他有些靦腆，雖然是匆匆的見了一下，印象頗好。以前我上終點網站，卻很少發言，畢竟詩歌對我來說，博大精深，且始終是外行，說一些不著邊際的話出來，是很丟醜的事，所以就只看不發言，往好了說是藏拙，實是沒多少發言的資格的。

　　隨後，就知道並認識了蔣藍、李兵、啞石、胡馬他們，還有阿紫。我開始認識還以為《終點》網站做的是《人行道》，因為我看到胡馬、張哮、張衛東、劉澤球常常在網上出現。直等到我跟存在詩刊的陶春到綿陽，見了白鶴林、胡應鵬，才知道不是那麼回事，《終點》跟《人行道》不搭界。另外，我覺得劉澤球應該是屬於《終點》的，但他是存在詩刊的。這也是有趣的現象。說明詩歌民刊不是小圈子文化，大家有一個共同的目標：詩歌。說來，我最早見白鶴林是在第三條道路的龍泉詩會上，來的詩人很多，大多是屬於第三條道路的。我還以為他也是第三條道路的呢。那時我對四川的詩歌界還沒有今天熟悉。

　　那次的綿陽之行，見到了好幾位詩人，包括非非代表詩人雨田和80後詩人羅鍼，甚至還見到了楊曉芸，多年以前我混在終點網時就知道她的名字了。她的詩歌是清麗的，以前看了不少。可有段時間，網站不見了，就像《橡皮》、《新文網》一樣。那時不免有些遺憾，但似乎又有點期盼，於是在某一天，我輸入網址，意外地進去了，版面也做了些調整。但內容變化不大——人還是那些人的嘛。

　　我見到《終點》是在白鶴林家見到的，大大小小的，五冊。風格各異，可見一直是努力在求新創異上下功夫了。它不像別的民刊，從版式上一下子就能認出來。我大致流覽了一下目錄，有些是在網上讀到的，再看，彷彿如老友晤面，一杯清茶，對談下來，不激烈，也不爭吵，外面有陽光照進來，這樣的感覺很好，我想，一份詩刊不在於它如何犀利，甚至也不在於它如何具有爭議，而在於它奉獻的是不是有價值。我對民刊特有感情，見著好的民刊非收藏一份不可，白鶴林兄只好忍痛割愛了。這對我來說，是一種莫大的收穫。

　　前段時間，我跟朋友交流時，他認為終點做的是知識份子寫作，比如更多地關注奧登、贊努西等等。不過，這可能是終點文學與別的網站不同之處。它在做外國詩歌的譯介時，也只是那麼安靜地寫作，可能偶爾蹦出來一個詞句，顯得有點怪異，才會使它與國外的詩歌有些許聯繫，這樣的氛圍是我喜歡的。叢文在《終點》2006 年卷的前言中說，可能也是這種衝動（期待中的欣喜）和想像隱匿著的對自己的幾分疑慮和羞澀成就了終點的自知之明，使終點一直能保持詩歌所必要的也是最為難得的質樸、清醒和謙遜。讓時間流入詩歌，然後開花結果，這就是終點以及詩人所賦予詩歌的涵義。

# 生死書叢

## 書店之魅

逛書店猶如徜徉在藝術的殿堂裡，高山仰止，特別是走進獨立書店，更是感覺非同一般，幾可視為文化家園的最後守望者。此外，書店也是許多故事的發生地，在「查令十字街 84 號」書店，紐約女作家海蓮和倫敦舊書商弗蘭克因書結緣，雙方二十年間始終未曾謀面，相隔萬里卻莫逆於心。這在今天看來，簡直是一段奇蹟了。

當然，書店的魅力在今天依然存在。幾乎在每個城市都有自己的獨立書店，它們風格各異，卻都影響著一大批忠實的閱讀者。鍾芳玲曾在《書店風景》中介紹了幾個地標書店：巴黎的「莎士比亞」、紐約的「高談書集」與「史傳德書店」、三藩市的「城市之光」，雖然都是小型的獨立書店，卻因擁有多彩多姿的歷史背景而名聞遐邇，已成了當地著名的地標，連旅遊小冊子都得特別介紹它們。比如，位於費城市中心的「博德書店」堪稱美國大型連鎖店中最具特色的一家──大概沒有別的書店比「博德」更勤勞好客的了，每天早晨七點，「博德」就打開大門，讓濃濃的書香和咖啡，招引眾多的愛書人。許多上班族因此將早餐從自家的廚房，移到二樓靠窗的咖

啡座，用簡單的早點以及店中提供的英美書評，開啟一天的生活。
其實，在國內許多城市也不乏這樣的書店，北京有風入松書店、萬
聖書園，南京有先鋒書店，杭州有楓林晚書店，廣州有博爾赫斯書
店，成都有弘文書局。先鋒書店的店主錢曉華在《先鋒書店》中，
寫其創業的艱辛，文化界名人如蘇童、葉兆言、許均、吳炫等等從
各個側面講述了對先鋒書店的喜愛，眾多受惠於先鋒書店的讀者、
學子則娓娓講述了自己在先鋒書店的所得：大地上的異鄉者（這也
是先鋒書店的口號）。大概每個獨立書店收集這類的故事，都不會少
的。事實上，在我們感歎物質發展越來越快的今天，還有這樣的書
店支撐著城市的風景，讓我們不再迷失生活方向，到底還是值得慶
幸的事。


## 書店之惑

　　如果說，與書相遇是一場羅曼史的話，開書店無疑就是一種對
書的摯誠表達了。現在開書店之難，幾乎成為全球共識，開初的遠
大理想且不去說，堅持下來孰非不易，總是有這樣那樣的問題需要
應付。

　　在《書店》中，潘娜洛普‧菲茲傑拉德講述了一個關於「書店」
的、近乎悲情的故事。弗蘿倫絲似乎是為了尋找一種叫「意義」的
東西才決定在一個名為哈堡的小鎮上開一家書店。但這其中的經歷
頗為曲折，正如「老屋」中那個看不見卻又無處不在的「敲打鬼」
一樣，以加瑪特夫人為代表的小鎮上的各個階層的勢力在有意無意
間對這個書店充滿了排斥甚至敵意（簡直不可想像），就連那個圖書

分類工作做得極好的小姑娘克里斯汀，也對所有關於書的東西充滿了怨恨。隨著唯一支持弗蘿倫絲及其書店的紳士布朗迪希先生的去世，書店也關閉了。

事實上，這樣的例子在今天不僅是出現在紙上。面對經營壓力，許多書店不堪重負：

幾個月前，美國普林斯頓大學北面納索街上一家叫麥考伯（Micawber）的書店（1981 年～2007 年），經不起網上購書與連鎖店的競爭壓力，被迫轉讓。老闆洛根如同狄更斯筆下的麥考伯先生不願意主動改變自己，「不希望自己的書店只是一個賣書的地方，如同雜貨店裡賣雜貨」，寧可停業，也不能接受這種沒有人情味的書店。

香港青文書屋更是其中之一，近年來書店因為經營和租約問題於 2006 年 8 月 31 日結業，羅志華遂把數以千計書籍暫時搬到香港合桃街 2 號一個分租貨倉，繼續經營等候機會再次開店，不料卻死於書下。事實上，羅志華算不得成功的書店老闆，但他在香港文化界的身份是複雜而獨特的：他不僅是書店的老闆，香港「二樓書店文化」的開創者之一，也是書店唯一的店員、雜工；他是獨立出版人，也是唯一的排版員、苦力；他曾一人搬運五十多箱書參加香港書展，也以一己之力出版了八期《詩潮》、四期《青文評論》，更一人包辦了香港著名的「文化視野系列」出版，從找作者、編輯、出版、發行等都由他自己完成。確乎是把書店當成了文化事業來做，一絲不苟，才引來如許的讚譽。死於書籍，很容易會讓人聯想到捷克作家赫拉巴爾的《過於喧囂的孤獨》，視書如命的廢紙收購站打包工人漢嘉三十五年在廢紙堆中討生活，最後竟抱著心愛的書在壓紙機裡讓機器裡的書籍壓死了自己。

　　梁文道說：「很容易就會感到羅志華的死其實是一個象徵；象徵我們的過去；如果不幸的話，甚至象徵我們的未來。」

　　的確，從小說到現實生活中書店與人的困境，都指涉著這樣一個時代：這邊廂，新一代讀者成長於全新資訊環境中，閱讀行為溶解在手機、網路、電玩、電視、iPod 中，分流加劇，社會人群不再全都偏好平面印刷品；那邊廂，書業競爭壓力日增，大資本日漸吞噬抗風險能力較低的小型獨立書店。上述事件絕非偶發個案，而是全球圖書產業化、網上書店大量湧現、圖書超市林立的後遺症。在美國，面對來自網路上販書、大型連鎖書店以及廉價商店和超市裡圖書櫃檯的激烈競爭，私人獨立經營的小規模書店紛紛倒閉。去年初，路透社報導，美國全國私營小書店的數量十多年來已減少一半，僅存約兩千五百家，而現在的數量恐怕還要打折扣。在英國，獨立書店也正以每週至少一家的速度在關閉減少。

## 書店之立

　　紙張供應緊張、價格只升不降，書業的數位化正在快速向我們逼近，當下的書店僅僅靠理想主義難以存活，必須找到一條既防止互聯網盜竊又鼓勵新生市場發展的中間道路，而對小型書店來說，唯有進行創新才能面臨種種壓力。

　　徐沖在《做書店》一書中提出：「做書店，不管做什麼樣的書店，理念的支持是必需的……沒有理念支持的書店，哪怕很豪華很奢侈，也將找不到它的靈魂。沒有靈魂的書店，多一家或少一家，其實無所謂。」然而，書店有了靈魂，就能解決其生存之道嗎？更何

況現在的小書店面對的壓力之多、之大，如果不能保證贏利的話，哪怕是它再有影響力，都難以逃脫倒閉的厄運，這並非危言聳聽。事實上，小書店的最佳狀態是，在保證贏利的同時，能給消費者帶來合適的書籍。而小書店紛紛倒閉最終受害的還是消費者，畢竟這些小書店提供的顧客服務是連鎖書店和廉價書櫃臺所沒有的。

書店固然需要適宜它的風格或特色，在看到許多書店關門的同時，我們還應注意到沒有像眾多同類書店一樣倒閉，而是圍繞當地居民特點及自身優勢經營，站穩了腳跟，以別樣的方式來贏得讀者，畢竟「獨立書店想生存下去，不提供其他活動和服務，而僅靠售書是相當困難的。」這些獨立書店的經營者們用睿智和靈活的思維與實踐書寫著對圖書的執著與堅守。比如英國的 Saltaire 書店，每週四舉辦一次作家活動，同時以每杯一英鎊的價格出售葡萄酒；每週六下午，還舉辦兒童活動和西班牙語培訓課堂，並提供西班牙風味小吃和葡萄酒。每當有新顧客光顧書店，他們便在通訊錄上留下顧客的聯繫方式，為書店積累了一個不斷增長的客戶群。國內也有書店這樣做，取得的效果也是非常好的。

# 天涯書事

## 發刊詞

天涯讀書於 2005 年 3 月 24 日開版。在即將迎來開版兩周年之際，《天涯讀書週刊》應運而生。

讀書，為什麼我們需要閱讀？這是讀書人常常思考的問題。而天涯讀書所做的即是與更多的朋友分享自己的閱讀，基於這個理由，《天涯讀書週刊》所倡導的就是共用、共有。在目前的讀書類報刊良莠不齊的情況下，多一個《天涯讀書週刊》，對於我們讀書人來說，可能是多一種閱讀的選擇。她可能沒有高深的學術探究，也可能不盡善盡美，但我們希望的是，她能帶給大家一些閱讀快感，這就夠了。

讀書，我們讀什麼樣的書？目前眾多出版物湧現，是不是我們就不再饑渴，據我多年的閱讀來看，似乎不是這麼回事。我周圍有不少朋友經常問我最近有什麼好書值得看一看。什麼是好書？我說不上來，也許在我看來是一本好書，在別人看來，不過爾爾。但現在，這不是問題了。至少我們可以通過閱讀的分享，達到尋找好書，閱讀好書的目的，並進而以書會友。

　　於是，《天涯讀書週刊》正式亮相了。她還稚嫩，還需要更多的讀書人澆灌。若說辦成讀書人的心靈家園，在我看來，也許只是個方向。何況讀書二字，常常能在中國人心中喚起溫暖而複雜的感情，激發豐富而深刻的想像。因此我們唯有努力，不斷地努力。

　　《天涯讀書週刊》願與書友風雨同舟，一路同行。

## 2007 年 3 月 16 日

　　《天涯讀書週刊》與大家見面了。

　　這裡，我想借用一份讀書刊物的話來說：我們不願辦成一份偏激的雜誌，也不奢望填補什麼空白；我們不想故步自封，畫地為牢，但也沒有比肩《紐約時報書評》的野心；當然我們更不願拉幫結派，變成小圈子的自我欣賞自我撫摸。我們的想法──或者如果可以說成「野心」的話──是提供一個平臺，一個思想交流、一個眾生平等、一個自由放言、一個即使交鋒也心平氣和的平臺。

　　在這週刊的組稿過程中，得到了書友們的大力支持。他們允許《天涯讀書週刊》發表自己的稿件，同時，感謝書友和專欄作者給予無私的支持。另外，因為時間的原因，這一期刊物上也有未能盡人意之處，比如因為技術，我們只能採取現在的模式（部落格）出版。這以後將得到改善。

　　春天不是讀書天。不少人這樣說。但對愛書人來說，不管是任何季節，都是適宜讀書的。

　　《天涯讀書週刊》將於每週五定期出版。每期的刊物有一位編輯任主編，負責稿件的組織以及採寫。她將以鮮明的個性、不同的風采呈現給大家，願你能喜歡這份刊物。

# 2007 年 4 月 23 日

看到不少網上的爭論，我們是不是需要一個讀書日。我想，這是毫無疑問的。這並不是因為自己喜歡讀書才說這樣的話。讀書，不管是不是功利性的，都是值得我們讚揚的吧。

分享閱讀。《天涯讀書週刊》的立意就是這樣的。

這期的《天涯讀書週刊》是為世界讀書日的特刊。雖是特刊，也只能反映一部分人的讀書狀態。林小染的《魔方》新鮮出爐，週刊首發了部分詞句，可以看出小說的脈絡。而育邦和朱航滿的文章是書店與讀書人的攝影，這些片斷，是文化得以傳承的重要因素。

張濤和子非魚兮的品讀，是令人快慰的。他們的精彩是內含在文字之中的。需要細心地閱讀。至於介子平閒寫《水滸傳》的浮世繪詮釋和心岱閒寫《酸酸草》，可見讀書之趣的了。

山西雪堂和宋冬游分別為王小波和海子寫出了自己的懷念。我們需要向優秀的作家致敬，更要前行。

一路走來，《天涯讀書週刊》得到了大家的無私幫助，比如把稿件給週刊首發、參與版式設計或提供空間，特別是受到媒體的關注，這是值得驕傲的事情。

《天涯讀書週刊》現在有四位編輯負責內容的編輯、策劃，他們不但是編輯，也是週刊的主編。因為人手缺少的緣故，每期週刊的訂閱版無法及時送到大家的手裡，這是需要解決的問題，相信以後會有很好的解決。

《天涯讀書週刊》願與大家分享更多的閱讀經驗，與書友一同前行。

## 2007 年 4 月 27 日

五一到了，《天涯讀書週刊》所有人員在這裡祝大家節日快樂！

這一期週刊的文章加大了首發文章的比例，以後將會有更大的改進，我想，這份週刊從創辦之初，我們就有一個理念，開放辦週刊。她不是小眾的雜誌，而是大眾的（相對而言，大眾也不過是一部分而已）。她還在成長，需要更多的人員來澆灌，才能健康成長。

最近有不少讀者給週刊提出了建議。這些建議將有利於週刊的建設，比如增加更多的閱讀經驗，比如進行欄目調整等等，今後，我們將在工作中逐步改進，以期達到與大家分享閱讀。

在五月，《天涯讀書週刊》將有一些變化，比如增加欄目，其中有主題，每期將會有不同的人員就一個話題進行探討；比如專欄，更有趣的問題在這裡出現。總之，《天涯讀書週刊》將向其他先進的電子雜誌借鑑，做到更適合大眾閱讀。

## 2007 年 5 月 25 日

《天涯讀書週刊》又與大家見面了。

你會發現，它的欄目有些微的變化，比如增加了專題版塊，這個版塊的定義為每期焦聚一本書，或一種文化現象，我們希望這種探討能增加週刊的閱讀性。下周，週刊將討論：中國戲劇百年。

這一期，我們走進藏彝，那是一個神秘地帶，至今仍有許多謎等待著世人解讀，而這幾冊書就提供了一種視覺，作為對世界好奇的傢伙，它們是值得讀一讀的。

　　我以為，關於書的文字，是可長可短的，幾句話無妨，長篇大論也可，關鍵是作者對書有多少瞭解，有多少感情在，如果是泛泛而談，談得有意思，也是好的。可惜，我們書讀得越來越多，就會發現我們知道得越來越少，離淵博至少是還有不短的距離。

　　《tooday》網刊是很好的網刊，有不少值得看的地方。他們不僅關注讀書，亦關注現實生活，他們的語境跟《天涯讀書週刊》是類似的。這一期，我們增加了互動文章，希望這種互動能達到兩份網刊的資源互補。

　　最近，在讀《嗜書癮君子》，這本書有趣。我想，我們在做讀書週刊的時候，是不是考慮到這一點，作為資訊時代的一份閱讀物，我們是不是該追求這個。《天涯讀書週刊》應該是嗜書癮君子的指南。

　　《天涯讀書週刊》的同仁會朝著這個方向的。

# 2007 年 6 月 22 日

　　這一期，我們將文章的重心放在了大學教育上。不是為了趕潮流，（上學無用、不上大學，諸如此類的問題一直在進行）我想，我們在批評教育的同時，該提出一些建設的意見才是。我們不能僅僅滿足於批判。

　　六月的天，似乎比去年涼爽了許多，但願一直如此。陸續看了一些新書、舊書，改天再彙報吧。在這個季節，多少是不大適合閱讀的，但對讀書人而言，沒這回事。

　　閱讀在繼續，一如我們的生活再繼續一樣。我們期望通過閱讀，增加一些些知識就足夠了。

　　試想，有什麼比這個更重要的呢？

## 2007 年 8 月 10 日

最近一直在忙著亂七八糟的事情，不是什麼大事，就是些雞皮蒜毛之類的吧。如此忙著，也沒為週刊做多少事，但令人高興的事，《天涯讀書週刊》組成人員儘管都不是專業讀書人，但我們有讀書的激情在，正是這個，才使週刊有了今天的發展。

至今，《天涯讀書週刊》已出刊 23 期，這期間經歷過的事情很多，但不管如何，我們都在努力完善她。現在，我們流行回顧過去，從此我們可以知道未來。週刊所做的不僅是關注過去的書，也是未來的書。

至於本期雜誌的作者和文章的特點，我就不需多說什麼了，直接看下去就是。我們期望，《天涯讀書週刊》能帶給讀者的，不僅是書，而且是一個個有情感的故事。

第 23 期週刊又如期與大家見面了，期待更多的人參與到讀書中來，共同分享讀書的經驗。

## 2007 年 11 月 2 日

一本刊物的成長，離不開大家的支持。作為讀書類的電子雜誌來說，更是如此。有時想起來，紙質民刊，至少還有一份報紙保存的價值，而電子雜誌依存於網路，如果不用心做一點，沒多少可看的價值不說，就是自己做著也沒意思的了。

回想起來，《天涯讀書週刊》想做下去，只是一閃念之間，然後與朋友商量，支持的多，但也只是做著看，至於將做到多長的時間，

是不得而知的。隨後，又有一些新朋友加入到團隊中來。這是可喜的事，也是值得紀念的事。

有時，有朋友說，你們是天涯社區做的電子雜誌嗎？當然不是，只是一群喜歡做雜誌的讀書人聚集在一起，交流讀書的感受。這樣的回答有時也令我有些詫異，不是說這樣的說法不夠準確，而是，《天涯讀書週刊》聚合的是讀書人的智慧，雖然她還有許多要改進的地方，但也正是我們努力的方向。

不過，總的來說，每期週刊都有所進步，就是一件很不錯的事。


## 2007 年 12 月 7 日

二十四節氣之一的大雪是在今天，一年很快就結束了。

在北方，應該下雪的日子吧，但是在成都，卻沒有這樣的跡象。差不多有十年的光景，沒有在成都見過大雪的身影了。偶爾有幾年，飄了一些雪，不大，還沒落地，就融化了。

記得多年以前，在北方讀書的日子。下雪雖然說不是多麼美妙的事情，但因為有雪，早課也變成了一天兩次到學校報到，自修課也取消了。天天玩似的讀書，其實，除了課本，也沒多餘的書看，即便是小鎮上的新華書店，也就幾千冊而已。跟我今天的書比，也是無法比的。前段時間回去，居然發現新華書店什麼都在賣，只是書只賣課本罷了。

不過，冬天對一個人來說，似乎更應該做的是，順著自然的規律，做一些休養生息的事。天天睡到自然醒，晚上的床邊擺起一大疊要讀的書，躺在那兒，睡擁書城，隨手翻閱，也是快事。

可惜做不到，現在讀書差不多是見縫插針似的讀。一年讀下來，也居然有一些。昨天，嘗試了一下，夜晚讀書，卻怎麼都難以讀下，諸如第二天的事要做，工要趕之類的交織在一起，實在沒那個心境了。

好在，冬天還有書可讀，也算是一個不寂寞的冬天吧。

## 2007 年 12 月 28 日

從第一期《天涯讀書週刊》出來，到今天，出了 43 期，也是年底了，真是有不少的感慨。原來想法很簡單，就是除了天涯讀書論壇，還有一個交流的平臺。不過，隨著團隊人員的變化，大家比較一致的看法是，《天涯讀書週刊》，肩負著為中國讀書界、思想界、文化界打開一個新局面來之榮光與理想！

這一年即將過去，有不少留戀的地方，週刊亦有不少進步，得到了專家、學者的鼓勵，更是離不開出版界朋友的支持。當然，少不了作者的無私奉獻，至今，《天涯讀書週刊》沒有為一位作者發放過稿酬，這是比較遺憾的地方。也許在 2008 年，這種形式會有所改變。

團隊壯大了，想法也就更多了，這樣一來，對《天涯讀書週刊》來說，不僅是一件好事，更是茁壯成長的基礎。

也許，我們可以這樣設想：

2008 年，我們為中國讀書界、思想界、文化界打開一個新局面來！

我們在努力，期望《天涯讀書週刊》在新的一年做得更好。

## 2008 年 3 月 21 日

本期週刊如期在三月與你見面了。

此刻，窗外的陽光明媚。在與參加一個活動的路上，與朋友相遇，他說，常常看到《天涯讀書週刊》，內容不錯。事實上，像這樣的評價每個編輯都遇到過，但我們深知，週刊所努力的還不夠，有許多地方還有待改善，比如內容的裁量、空間的整合，等等，都是需要進一步解決的問題。好在，大家有了一個方向，在努力。

這一期，與你見面，著實不易，幾個編輯都有各自的事情要忙，有工作要做，而編輯週刊，只是大家業餘時間的奉獻。因此，分配下來，每個人一個欄目，選稿、統稿，事情看似簡單，然則是一個複雜的工程，所以到面世的時間晚了一點。

在下一期，我們將增加一個欄目，這個欄目的稿件要求是：在《天涯讀書週刊》首發（在此之前不得在網路、紙媒上發佈），同時，週刊將對採用的稿件向其他媒體推薦。期望大家踴躍投稿，給予支持。

## 2008 年 6 月 15 日

不覺間，六月已過半。距離汶川大地震也已經有一個多月了。深圳等地遭遇洪水……固然，我們應該為死難者悲傷。生者要繼續生活，一如我們的閱讀。

昨天的成都差不多下了一天雨。參加了兩次詩歌朗誦會：一個是成都市詩歌工作委員會舉辦的，一個是商業機構主辦的。在朗誦

會上，聽了不少聲情並茂的朗誦，很感動，但聽到許多救援的故事，我知道，任何詞都是無力的。也是不能概括的。

今天依然是晴天。陽光燦爛。《天涯讀書週刊》繼續奉獻閱讀中的感悟，從這些文字中，我們領略的不再僅僅是文字之魅力，而是對生活的熱愛以及嚮往。

作為一個讀書交流平臺，我們希望這裡有觀點碰撞、有對書的詠歎。誠然，作為一個電子媒體，我們在不斷探索。

每一期《天涯讀書週刊》都有新面孔，本期的彭程既是。彭程「迷戀文字，看得不少，寫得不多；過後滿意的就更屬寥寥。也出版過幾種集子，自覺多為描紅臨貼。假以時日，益以勤勉，或能有所長進。」

不管是新朋還是舊友，都希望在這裡互相交流，儘管我們這個平臺還不夠成熟，哪又有什麼要緊的呢？

確實，在這個夏天，我們能坐下來，閱讀，給我最大的感受是：活著真好，閱讀真好。


# 2008 年 9 月 1 日

連續數月的經濟低迷，令讀書也提前進入秋天，這是出乎意料的事情。去年的這個時候，還不見書價的變化，那是對讀書人來說，依然是一個幸福的時期，儘管很短暫。書價的攀升，令讀書人轉入到舊書中尋找樂趣了。

然而，新書的浮躁心態是令讀書人不滿的，質量不高的原因，大家急於賺錢，稿費的高低決定了作品質量似的。想想，以前一本好書，讀了還想再讀，現在能讀第二次的少了。這樣的狀況造成了書的虛假繁榮。

　　雖然每年多少有數百冊的購書量，但在今年減少了不少，最突出的是從愛書人公佈的購書單中，看到的新書也不是很多的。甚至於一個月不買書的，也有可能的。

　　確是，讀書是一個悖論。

　　它不能帶來美食和美女，而有的只是費錢。儘管它能改變一個人的性情——使紳士多起來，我們這個時代哪兒有需要紳士呢？

　　它不能帶給我們直觀的幸福，從經濟學上看，似乎也是如此。

　　我們還要不要讀書，在低收入的狀態下，越來越變成一個疑問。不是書到玩時方恨少，而是大量的藏書，似乎也不符合時代要求的，電子書也許能夠改變這種狀況了，畢竟我們居住的空間有限，藏書的無限擴大對誰來說都是一種負擔了。

　　9月，開始新的一天。不管如何，有書在，還是幸福的一族吧。

## 2008 年 9 月 11 日

　　昨天的教師節跟往年不大一樣，其原因就是在於今年的汶川大地震中老師、學生遇難的不少。向他們致敬。

　　本期週刊又有了些微的變化，那就是增加了一個「報告」欄目，「報告」實乃個人讀書報告也。可以瞭解時下的閱讀動態，好書壞書都可以在這裡議一議的。

　　今天的早上，一位朋友電話中說，成都西南方向發生大火災，濃煙四起，但似乎沒什麼反應。也許因為很多人在睡夢中吧。不過，今天，依然是天氣晴朗。但溫度比以往低了許多。

　　阿澄兄的短文雖短，卻是自己出書的實情。時下，出版社到處賺銀子，但對於自費出版卻管理嚴格，只要是自費出版的，都要自

己搞圖書銷售，很多作者常常拿來送人，現在物價日益攀升，也是送不起的事情了。想來，亦是讀書人的無法不悲觀的事了。

這幾天與朋友討論，無意中，都跟書有關，看來，在很多的人眼裡，讀書即是一種生活。這也是很樂觀的事。

## 2008 年 10 月 1 日

又到大假。這個假期跟以往沒有任何區別。在成都更是如此。

有消息說，大假前一天成都人都蜂擁出城。但對於異鄉人來說，何處是歸程，依然是一個問題。花一大把時間，用在路上，回到老家去看看，聊解鄉愁的，但這樣的代價是不菲的，時間、金錢都要浪費一些，更何況現在的經濟是那麼的不景氣，也許大假歸來都要面對新工作的事。

如此不堪的假期，不過也罷。

趁著假期，在家裡整理舊書，很多書又見天日，在文學家看來無疑於發掘歷史的了。可好，一些模糊的記憶重現了。它們曾經有那麼一段時間離我是如此之遠。

本期週刊如期跟你見面，可能內容更多了點感慨。這個秋天說來就來了，但對很多人而言，要面對的壓力是很多的，比如工作比如生活比如購房之類的事都不能輕鬆下來，但期望在這期雜誌能在輕鬆中帶給你一些寬慰。

那麼，在最後還是祝大家在節日裡愉快一些，享受到生活中的美妙。

## 2008 年 10 月 11 日

10 月 9 日，諾貝爾文學獎授予法國作家克萊齊奧，中國作家自然又是一聲歎息。那些聲稱專門為諾貝爾文學獎寫作的作家毫無疑問又挨了一記耳光。恰巧，本周，閻崇年先生在簽售的時候，挨了一記耳光，其是非暫且不說。倒也反映出了讀者對歷史的某些看法。

那麼，如果諾貝爾文學獎在中國頒佈，大概余含淚和王做鬼都會得以榜上有名。閒話說來似乎都不是那麼正經。

這個月，三中全會召開，南方週末說，該出手了，這是不是良好的願望呢。

本期週刊一如既往的關注讀書中的人和事，也許在這個紛亂的世界裡，在書中才有些寧靜的。

## 2008 年 10 月 21 日

秋風起。

這段時間因為沒上班的緣故，陸續讀了一些書，最快的可以一天讀一兩本小書。快意的很。想起每次去書店，老闆的目光都會疑問一下，每次都要買些書回去。你是不是開書店的。想想也算，讀了，再寫點文字出來，如此與書店何異。

不過，總的來說，秋天是適合閱讀的。本期週刊中的報告體現不同的閱讀旨趣，其他欄目也各有特色，不一一表述。

在這期，廣東社科院中國詩歌研究中心副主任朱子慶認為，在沒有教養的時代，做有教養的詩人，是很不容易的事。2005 年，在成都的詩人聚會上見著朱子慶，一晃三年就過去了。想想，現在詩人可真不少，但做個好詩人也是很難得的。難怪他要說：在今天重提教養很重要，對於一個詩人尤其如此。他所評論的詩人凸凹更是常常遇見，我曾寫一小文曰：〈瞧，凸凹的舒服〉。

閒話休敘，還是攤開一本書來，享受書的世界吧。

## 2008 年 11 月 11 日

立冬已過，冬天似乎就來臨了。

在這樣的天氣裡，看看讀書報告，瞭解閱讀的動態，也是很有益的。記得多年前的席殊書屋就有本《好書》雜誌這麼做的，現在席殊書屋倒了，連貝塔斯曼也退出中國了，但閱讀之風跟這個毫無關係的。

誠然，做書店跟閱讀不是一回事，但現在兩者都遇到了問題似的，好書不容易找到，暢銷書倒是很多，閱讀價值卻有折扣。隨便去一家舊書店，倒是遇到舊書跟盜版書等量齊觀，而且老闆也振振有詞地說他的好，一副愛買不買的樣子。想想，書店都這樣了，真不大好說什麼了。

今天是新興的光棍節，前幾年也參加過幾次，不過是瘋玩罷了，在這裡，祝大家節日快樂，當然還是有書可讀。

# 2008 年 12 月 1 日

12 月開始，亦即意味著 2008 年即將離開。回顧這一年，無限的感慨，許多事情值得我們回味，記憶。

《天涯讀書週刊》因為種種原因，從本期開始，又改成半月刊，但雜誌的內容將一如既往，可能在新的一年裡會有一些變化，會適當的上一些專題閱讀。我們注意到這一年，讀書類電子雜誌又增加了幾個，但從內容而言，《天涯讀書週刊》提供的只是閱讀的分享。有時，可能不那麼注重原創，但毫無疑問的是，在明年將有所加強，原創、首發，都可能在這裡出現。

12 月，在成都還沒有冬天的味道。暖冬相對於經濟的危機，都不能不說是一個難堪的話題。書市在未來一年裡，可能比今年更為蕭條，但不管如何，我們有書可讀還是幸運的。

那麼，就翻開書去吧。

寫在書邊上

# 第三篇
## 淘書記

# 豔遇

　　還沒到五一的時候，就有朋友約著去吃枇杷，或去一個古鎮玩，比如上裡或鄰江，都是一直想去看一看的，何況不少去過的朋友說起它們都是一臉驚喜的樣子：「你再不去的話，就看不到本色的古鎮了。」就計畫無論如何趁著大假一定要走一走。

　　可到了五一，哪兒都沒去，媒體的報導都是令人恐怖的消息，一個很小的景區居然上萬人前往，哪怕是一條不怎麼樣的古街也是人滿為患了。如此的出去玩，哪兒有什麼趣味啊。乾脆待在家裡，看一看書也好。何況，有不少舊書攤一直想看，一直沒時間，也許可以淘幾冊書也未可知的。

　　打定了主意，就拒絕了出遊的集會。結果，整個節日還是忙個沒完。見了南北——這個著名的禪者，越來越厲害了，有些話很平常，聽上去玩兒似的，需要細細品味，才能懂得他的精妙。然後見了胡洪俠老師，他的藏書已有兩萬多冊，在成都亦淘到不少好書，隨後在麥當勞略為坐一坐，聊了聊，頗為開心。

　　淘書也有趣，這幾天時間東奔西跑的，逛了幾十家書店，書自然是淘了一些些。好書自然有不少，不管是新舊，於我，猶如豔遇一般，令人舒心不已。更何況，還收到幾冊朋友的新書，更是喜上加喜。

　　於是在大假的最後幾天就看書去。《伊斯坦布爾》，書中充滿了強烈的憂傷之情，猶如一首悠長而迷人的輓歌，作者獨自一人吟唱給他心中已經消失掉了的伊斯坦布爾。在此之前，還沒有任何一位作家如此深情地回憶過一座城市，把記憶和生命編織成如此動人的獨唱。而《這個世界會好嗎》，梁漱溟先生很有意思的一個人，這種對話，讀著也有無窮樂趣了。《被打擾的午睡》，想一下名字就覺得無比妙絕，更不消說去讀了。最有趣的當然是陸灝做的那套小書，陸續的買回，陸續的讀，也是別有風味的吧。

　　順便看了幾部碟，不像看碟專家那樣，每部都看得那樣精細，所以談起印象不過爾爾。

　　還好。大假結束了，日子照常進行下去，太陽每天升起。我的旅行也就從一個開始進行到下一個開始。確實，如我朋友所言，遇到好書的機會，在都市生活中怕是比遇到美女的機會還要多。

# 炒股和淘書

常常看報紙，哀歎讀書的人越來越少了，豈不知喜歡淘書的大有人在，每個舊書攤前，都擠了一些人，怕是攤主也記不起來了多少苤人，反正是自從把書攤擺起，就有人來看，各取所需，看好的書立刻被拿下。

忽地想起傅月庵說的話，最近許多出版社都在「曬書」，「逢低買進」的興奮心情，跟股市操盤相去不遠，不過，書的面值，從來是跌多漲少，大概難有「逢高殺出」的機會了，足堪自娛悅，亦可持贈君，至於其他，別多想了。

我不炒股，不懂得炒股是怎麼回事是其一，有同事好心勸說，買舊書怎麼著都是長期投資，倒不如去買股票，來得快不說，而且走勢好，隨便扔點錢都能賺不少，也能有閒錢保障以後去買書，但我以搖頭婉拒之，無他，有了錢，也許早沒心情買些書了吧。還有一個原因是把餘錢早就扔給舊書了。哪兒還能指望炒股再來反哺淘書。

每每逛舊書攤，都要想起老婆的話：「哎呀，家裡沒有立腳的地方啦。」這樣溫柔的抱怨，總是難以抵擋書的誘惑。何況是在這裡遇見一冊久覓不得的書，總是不忍放下，狠狠心，咬咬牙，還是不能放下，以前也有這樣的事，放了書，從此再也沒有遇見過，那是

多大的遺憾呀。再說，現在的紙張都漲價了，買新書更是心疼不已的了。於是，顧不得這些，照樣買下它。這樣的癡迷當然是回去少不了一些閒言雜話。

但能有心儀的書相伴，還能在乎其他的嗎？說起淘書的故事，那可真是有趣的多。有時，似乎也不在淘書這事上了，而是那淘書的過程，我猜想，遠比炒股有快感的吧。

那天，無意中在書攤上相中了一套舊書，老闆要價兩百四十元，怎麼著都不優惠一下。翻看口袋，遠遠不夠，只好叮囑老闆，一會再來取書，趕緊找個銀行去刷卡，回得來，正看見一老頭在翻那套書，就趕緊說，這書我早預定了。老闆卻說，不講價的哈。我說不講就不講，還怕你不買呢？

要知道那套書早在網上已經炒到了三四百了，簡直是賺疼了。回到家，我就大呼：這回真賺了。老婆還以為賺了個啥，跑過來一瞅，不過是一疊舊書而已。就說，看成書呆子了吧。我也不搭話，把茶杯找到，自己燒開水，再泡上普洱茶，且到書海遨遊去也。

# 買房與淘書

　　昨天，又去舊書攤閒逛，看了半天書，剛好遇見幾冊想看、一直無處尋覓的書，別個正待下手，已被我搶先了，多少也算是興盡而歸的吧。這樣的淘書多少有歷險的味道，有時去的晚了，剛好喜歡的書沒別人買下，那種滋味，實在是不大好說的，儘管不捨得，也有些無可奈何。

　　淘書是慢工出細活，好書就是這樣淘出來的。令我想起豐子愷的一把扇子，上面畫一家人家在家門前掃地備茶，題上「今朝風日好，或恐有人來」。這是生活的期望，也是生活的美好。可是，要說起買房，大概不會遇到這等的事情，雖然人家可能在門前掃地備茶，樣板房看上去完美無缺，無非是看中你的錢袋，哪兒是想讓你喝一口茶，想像自己坐在陽臺上看自家的風景，別臭美了吧。

　　記得，剛想買房那段時間，到處去看，城南城北城西城東，甚至還跑到郊縣，看各種各樣的房子，都不是我所設想的那樣——理想的居所，好像還欠缺點什麼。至於是欠缺什麼，我也搞不明白。不少朋友看了我這種狀況，不免問，你選房有什麼要求的嘛？我說哪兒有什麼好高的要求，不過是想著居家方便，住著舒服一些而已。確實，對一個租房居住過近十年的人來說，這樣的要求確實不算太高。

　　沒有要求，那就是最高的要求了。朋友毫不客氣地批評。仔細一想，也是。可自己又不能委屈自己，隨便找個地方，把錢付了，要是不喜歡了，想搬家也是十分困難的事。這當然不像淘書，遇上喜歡的，隨便怎麼著都可以帶走，畢竟那是費不了幾個錢的。

　　幾經周折，還是看中了一處房子，說不上多麼喜歡，離單位不遠不近，這猶如一冊書，不管怎麼樣都有理由買下的。其實是自己太懶惰了，不想再把時間浪費在看房上。買一個房子，應該是很容易的事情嘛，怎麼折騰來折騰去，費很大的勁才這樣的呢。開始我還懷疑是不是自己選房的水準太差勁，以至如此，後來才明白，而是現在的房子總難以讓我那麼心動一下。

　　淘書，沒有什麼道理可言，喜歡就拿下，毫不猶豫（後面還有幾個眼睛在盯著呢，你一鬆手，就成了別人的了）。而買房可也不是，哪兒有那麼多道理可講，無非是居住舒服不舒服的問題，絕不會上升到哲學的高度去。

# 手邊的題贈本

　　大凡熱愛書的人，無不想著得到一本心儀作者的一本書。我也不例外，但這樣的機遇總是難得的。在我收藏的書裡面，這不過是極其微小的一部分，畢竟與作者相隔著一段距離，要實現這個夢想也頗為不易。好在，有一個路徑是在冷攤發現他們的題贈本，也是一件難得的事情吧。

　　淘到題贈本的經歷那可真算得上是五花八門，但不外乎是在舊書堆中淘來淘去，雅一點的說法是，舊書叢中覓寶藏。有次，去冷攤閒逛，不意想發現了張新泉先生題贈別人的詩集《人生在世》，自是驚喜非常。這以後，我又在書店淘到了他的一冊早期的詩集，同樣是題贈本。這樣的例子實在是不少的，比如有次在送仙橋，買了冊白航送給木斧的詩集《藍色幽默》，不知道怎麼流落到地攤上了，他們的詩歌是讀過的，就趕緊拿下。居然發現上面有白航手寫的一首打油詩，大概沒收在什麼集子裡，可能算是一首佚詩了。從詩中，可以看出他們的關係親密，連贈書都不忘開玩笑的。這樣的事，現在是不多了，想來，也是有趣的事。像這樣淘到詩人的題贈本的機會還是很多的，大抵是詩歌在我們的日常生活中變得可有可無，因此，有沒有一冊也影響不到一個人的精神世界。

　　因了時常參加一些活動的緣故，認識的人很是不少，其中有一些是專事寫作的。他們的書，有些是我在舊書攤上尋來的，以前想

找他們討一冊簽名本，好似不勞而獲，也不大好張口，即便張口，可能因為手邊沒多餘的書，也是無法相贈的，不免令人遺憾。好在還有一個渠道是從舊書攤上得來，至於什麼時候能遇到，那就要看運氣的好壞了。

說來，我所遇到的一些題贈本，也不是多麼珍貴的本子，不過是因為個人喜好，收藏而已。某次，又去舊書店，看到一些作者的題贈本，但接受的人把名字用剪刀一一剪去，只留一些邊角在，剛好有一大堆舊書都是類似的，就在書店流覽了一下，也無頭緒，只好不取，回來後，想著先拿下再說，於是，又匆匆地趕回去，不想，那些書已被人買下了。想不清楚是書的主人發現這樣處理圖書不妥，還是被喜好書的人買下了呢？這都是無關緊要的閒話，以後再遇到這樣的書一定拿下，其實這與一般的書相比也花不了多少銀子的。

每次去舊書攤，差不多都會是多少有些發現，要麼是喜歡的書，要麼是作者的題贈本，極少是空手而歸，大約是我對書的要求不高，只要適合閱讀即可。有時，看見熟悉的作者送給別人的題贈本，總怕它們再次流落到舊書攤上去，照例是拿下，且不管費錢幾何。這樣的「書癡」大概是不多的，藏書家也許會有這樣的習慣。

儘管讀書是私事，書的好壞還是決定了一個人的讀書結果。在我，書好自然好，若是壞的本子，能遇到一冊作者的題贈本，也是非常難得的事。

# 詩話的式微

　　詩歌在我國有著悠久的傳統，而關於詩歌的書也很不少。當然，這得歸功於詩歌作品的眾多。儘管現在很多人歎息，詩歌沒讀者對象了，但詩人出版的或自費或公費的詩集還很是不少。

　　每每逛書店，遇到詩集，總會拿下，且不管書的新舊，或內容是不是夠好。說來，我買詩話的歷史不是很久，到底是讀詩，未必非要讀詩話不可，何況，詩話的好壞決定著對一本詩集的閱讀影響。乾脆不讀它。不過，後來我改變了這種做法。倒不是我忽然覺得讀詩話的必要，而是通過詩話可以打開詩歌的另一個視窗。

　　於是，買了趙翼的《甌北詩話》、袁枚的《隨園詩話》、王士禎的《帶經堂詩話》，以及吳宓的《吳宓詩話》，至於其他的詩話，能收集到的，也一併收下。這大概是愛書人的通病。只要遇到一冊好書，只要是相關的書一概拿下，且不管書的好壞。

　　對於詩歌的解讀，各人的見解是不相同的。如謝榛《四溟詩話》卷一中有句妙語說得好：「誦之行雲流水，聽之金聲玉振，觀之明霞散綺，講之獨繭抽絲。」而沈德潛《說詩晬語》謂：「有第一等襟抱，第一等學識，斯有第一等真詩。」讀詩話的感覺到底是異樣的，就如同行走在詩海上的一葉舟，來去都要靠個人的體悟的。

　　有一次，見止庵在文章中說，沙鷗曾出版過一冊《沙鷗談詩》，尋覓了好長一段時間，不得。不免留下了遺憾。沙鷗關於詩的語言

技巧說：「形容詞可用可不用時不用；直接不好表達就考慮用比喻；正面不好寫就考慮側面寫；相信讀者的理解，不要寫盡。」這不僅適用於詩歌，其他文章也應有此禁例的。其實，不管是詩歌還是小說，都是相通的。

不過，今人的詩話到底是無法跟前人相比。更多的詩話不過是借著詩話之名，行吹捧之實，讀之無味不說，其價值也是不大。看不看，都無關緊要的。

儘管現在的詩話呈現式微的狀態，偶爾還是有一冊可讀的。比如《藥窗詩話》，就是難得的詩話。作者吳藕汀是我國傳奇的文化老人。工詩詞、擅丹青、喜好拍曲、兼通版本，旁及金石篆刻。早先這些詩話由秀州書局印刷，一百則一集，一兩日即銷售一空。此次的結集可見全貌，一詩一話，內容涉及書畫、飲食、經史子集等諸多方面。但因少了插畫，倒也不失雅趣。

至於紅學家林冠夫的《紅樓詩話》，內容只限於有關小說《紅樓夢》的詩詞。但在我看來，價值實在談不上多高，不過是借《紅樓夢》取一瓢水而已。如此說來，更是說明了詩話的影響越來越少，不是我們不懂得如何享受生活，實則是在喧囂的都市文化中，現世社會太多煙火誘惑，正所謂眾人熙熙，皆為利來；眾人攘攘，皆為利往。哪兒還有時間給詩歌留下更多的空間生存。

# 路邊的詩集

　　四川的詩人在全國是出了名的。以前是，現在也是。生活在這樣一個城市裡，最大的好處是，可以常常讀到一些優秀的詩。大概因為詩人眾多的緣故，每個舊書攤，都少不了一些詩集，哪怕是賣盜版書的。於是，每次路過舊書攤，看到這樣的詩集，是不妨買下來的。

　　詩人是貧窮的。所以，那些自費印刷的詩集，多少都花了些銀子，你買吧，他肯定不同意，送書吧，也是很奢侈的事。於是，就求救於舊書攤，好在，這些書大多是少有人看的，因此，常常是以較低的價格拿下。雖然如此，到底是不怎麼爽的事情，畢竟對作者了無貢獻可言。

　　成都的許多詩人的自印本詩集就是這樣得來的。比如有次在大慈寺喝茶，順便逛了下旁邊的舊書攤，就買下了好幾種簽名本的詩集。這樣的事，多少是不值得誇耀的。如此這般的陸續買下了諸如流沙河、王爾碑、孫靜軒的舊詩集，不知道他們的人，看到這樣薄薄的詩集，不過一百來頁，也沒多少興趣讀下去的吧。現在，詩歌差不多成了典型的廟堂文學，只是詩友之間互相欣賞。對一個熱愛詩歌的人來說，正是大量收詩集的時候，大有當年鄭振鐸收古版舊書的氣魄了，實在是看到這樣的詩集流落街頭，多少有些於心不忍罷了，哪兒談得上什麼高雅的事。

　　在馬鞍路一帶，有好幾家舊書店，是兼賣喪葬用品，偶爾去了一次，收羅一堆詩集回來，隨後就隔三岔五地過去，總不會有什麼失望的。在那兒我陸續買了大約一百餘種詩集，不管好壞先拿下再說。有次，我買了冊芒克的詩集，剛好他到成都，於是請他簽名，卻是一冊盜版書，弄得頗有些尷尬。那以後，即使在舊書攤買了詩集，斷斷是不敢把書拿給作者簽名的。

　　記得有一次，趙麗宏到上海舊書店去淘書，偶然間發現了綠色封面的泰戈爾詩集《飛鳥集》（他原有一本的，但是被紅衛兵給燒掉了），如獲至寶，正當他的手快把那本書拿下來時，另一隻手同時也伸向了那本書，那是一隻小巧可愛的手。兩隻手同時拿著一本書，他看見對方是一位十二三歲的小姑娘（其實那個時候他也不過十七歲），穿著一件被連衣裙，衣服上有一朵朵淡淡的小花。兩個人都僵持了一會兒，最後還是那個小姑娘把手鬆開了，說道：「這本書我不要了，就讓給你好了。」這是趙麗宏也謙讓到：「沒關係，我不要了，給妳吧。」但是小姑娘說自己家裡還有一本，於是就蹦蹦跳跳地走出了書店。趙麗宏動情地說，她的面容和背影是他一輩子都不能忘記的。以後不管在大街上還是到大學報到，他都希望能再次邂逅她。

　　這等事，我從來沒有遇到過，是不是現在的詩歌越來越讓人看不懂了，還是別的緣故呢？且不管這許多事，只把喜歡的詩集帶回來，閒暇時讀那麼一下，不管是陶冶性情，還是追求高雅，都跟詩歌無關的。記得有句話說，詩意從生活開始。對此，我深信不已。

# 路遇毛姆

那天，毛姆常常出來散步。遇見他實在是很容易的事，但那個時候很少有人知道他，是因為對於小說家，人們天然缺乏一種瞭解。我那天從一條路上走過，看見了他。他沒在散步，而是在舊書店之中。他身材矮小，且嚴重口吃，當我對他說，我喜歡他的書時，他卻很謙虛地說：「我只不過是二流作家中排在前面的一個。」看一看，這樣的作家是無法不令人喜愛的。

不錯，在那之前，我閱讀過毛姆的一些書，比如《人類的枷鎖》、《尋歡作樂》，令人喜歡不已，當然是他那俏皮的表達，讓人想起成都的街頭生活場景，那樣的對白舒服、隨意、漂亮，幽默而不乏風趣，但也不是刻意而為的，因而，他才被人們稱為毛姆叔叔的吧。

在我迷上毛姆之後的那段日子裡，剛好陸續有一些他的書陸續出來，讓我很是喜歡了一陣，不管是《在中國屏風上》，還是《佛羅倫斯月光下》，都有不同的發現。當然，這些書不過是他的一個側面，無論如何，看了這些想給他下一個結論都是很危險的事。畢竟，他的小說、戲劇都有不同的特點，是不能一個詞語都概括得了的。

於是，有空就朝書店裡跑，特別是《劇院風情》、《克雷杜克夫人》、《啼笑皆非》，怎麼都不找到完好的本子，也就只能嚮往他的戲劇風采了，而更值得說一說的是《月亮與六便士》、《刀鋒》，可惜的

也是因出版時間過久，連圖書館也沒有怎麼收藏的，而不少網上書店更是將價格炒得離譜，只好期望新版本的出現，聊備於無了吧。這樣的想法當然是基於好的本子都被愛書家收藏了起來，偶爾流落到舊書市，亦是難得一見。

那次在舊書店遇到一冊《月亮與六便士》，便有一種驚艷的感覺，儘管它看上去毫不起眼，蒙上了一層灰塵，趕緊拿下，寶貝似的。就如同他的一個短篇小說《寶貝》，那個寶貝是個女傭，那個女傭家政事務無所不通，甚至能為男主人選擇搭配每天要穿的衣服，忠誠，善解人意，分寸感極強，令男主人深為滿意。男主人的所有單身漢朋友都說他得到了一個寶貝。當然，這不過是不同的寓意罷了，但這樣的故事在毛姆寫來，卻是別有一番風情的。《刀鋒》更是無從得見，不由得令人心想得緊。

不過，這兩本書後來都有了新本的出現。在書店遇著，就趕緊買下，但看上去，那些文字密密麻麻地排列組合在一起，既不舒朗，也就缺乏閱讀的興趣了。只好充數似的，把他們插入那些毛姆名下的書中，不知道什麼時候再去讀一下，感受他的語言魅力。

# 早市的魅力與狂歡

　　週末的一大早，就趕到杜甫草堂的舊書市場，攤攤少說也幾十上百家吧，書迷稱之為早市。到書市的時候，天還不甚亮，但在 5 樓的書市裡，已經密密麻麻地有了許多人，全是淘書的（閱讀調查說，成都人讀書的不多了），這陣勢看上去就挺嚇人的，他們或站或蹲，查看心愛的書，那樣子，簡直是令人想像不出，他們對書是如此的癡迷，人多，但不喧嘩，猶如在一家公共圖書館。

　　後來天漸漸地大亮了。淘到好書的人也就離去，又有另外的一撥人進來──他們一般像我一樣比較懶散，總不樂意起個大早來淘書，哪怕好書都被別人淘了去。而這一天，就好像日課一樣，不得不來一趟，就是怕有什麼遺憾的吧。在別人眼裡，算是撿漏的人了。

　　這樣的經歷從幾年前就開始的。對書迷而言，淘到有一冊好書，一天都是快樂的，無他，那是自己喜歡的書嘛。好在每次出發，也都不一定有絕大的希望，畢竟是撿漏，期望太高，也許失望就會越大，基於這個道理，也就任性一點也無妨。

　　雖然如此，看著某人「搶」到一本好書，還是不由得眼熱起來。說「搶」也許有點誇張，不過是看誰下手的早、快而已，但這也是蠻有趣的事情，因為由此說不定兩人起了爭執，但絕不會兩人競價

賣書，那樣老闆一定會在旁邊大笑不已的。更何況旁邊的書迷早把他們勸下了：「都是讀書人嘛，為一本書值得嗎？」聽的人就面紅耳赤了。

這樣的事總是早市裡的一段插曲。有次，我去的晚了，偌大的場地還是有不少人，我就沿著舊書攤挨個溜達，好書早被別人淘了個差不多。也許空手而回了吧。結果遇到了好幾種民刊，《日記報》、《讀書人》什麼的，當然沒人搶這樣的書，因為這不過是民刊而已，其價值多大，到底是說不上的，不過是個人興趣和愛好才拿下的。

值得說的是有一次遇到一套《讀書文叢》，老闆先是要價十元上下：「都是很好的版本嘛。」我說：「太貴了。」老闆也不相讓，「就是董橋、馮亦代、丁聰、王佐良等等的名字以及最早的版本，怎麼也都值這個價，更不消說在普通書市上難以看到它們了呢。」後來，冉雲飛兄看到了，就說：「哎呀，都是老相識的嘛，少一點，六塊。」老闆也沒說什麼，我生怕老闆反悔了，趕緊付錢、拿書。這樣的動作也是連貫的，簡直是一氣哈成。現在想來，這實在是趕早市再微小的事情不過，但也能讓人樂半天了。

每次進出舊書早市，都有一番感慨來。最近一直在說，它要換地方了，不知道是不是換地方以後，書迷是否還能像現在一樣在書海中狂歡了。也許，那是另外的一種景象吧，但願在以後，還有個淘書的去處，給書迷留下來一個念想。

# 邂逅米蘭・昆德拉

　　那是一個黃昏，我吃過晚飯，閒著沒事，旁邊的旁邊有家錄相館，可能在放一部情色片，聲音不時地傳過來，我從那兒穿過。我向裡面張望了一眼，然後就看見一些男人坐在一張張竹椅上，旁邊是一杯一塊錢的茶水。那是一群下班後閒得無趣的工人。然後，我繼續向前走去，就來到一座小橋上，橋下沒有水流花靜，乾涸的河像某篇散文裡的譬喻。然後我看到了一個地攤，其實那兒不是一個地攤，而是連著有好幾個地攤，有賣書的，有賣小吃的，總之是有些雜亂。對於小吃我是沒有興趣的，就走到了書攤。

　　書攤上放著一些舊雜誌，碼得很整齊，五毛一塊錢一本，《知音》、《家庭》什麼的，有人蹲在那兒挑雜誌，我也蹲下來，看了一疊《希望》，有朋友的名字，我想把他們買下來，等他成名後，說不定我可以發現一些所謂的逸聞，當然有可能發一筆小財。後來，我沒有買下它們，是我覺得花 1 塊錢買本雜誌多少是划不來的事情，乾脆就把它們丟開了。在雜誌的旁邊，胡亂地放著一些書，金庸作品集，余秋雨作品集什麼的，我連翻的興趣都沒有了。在另外一邊我發現幾個詩人的詩集，上面有詩人的簽名，那是送給朋友的書。我翻了翻，也捨棄了。正在失望之餘，在亂書叢中，發現了一冊《傅雷家書》，我翻了翻，居然是初版本，在他的旁邊有一冊米蘭・昆德拉的小說《笑忘錄》。

　　米蘭・昆德拉我是知道的，因為我有個同學是他的「粉絲」，對他喜歡得不得了，見有他名字的文章，非買下來不可。受同學的影響，多少也是在書店裡看過他的小說的。拿著兩本封皮有些髒的書，問老闆。「五塊，這都是名著。」我說：「這麼髒的書，誰買啊？」他說：「那四塊吧。」我說：「我是經常買書的，就這樣的書，兩塊。」老闆說：「再怎麼著，也不能一塊錢一本，我一本雜誌就賣一塊。」我把書丟下，就準備走開了。老闆說：「算了，兩塊。」我拿起書，拍了拍上面的灰塵，就給老闆兩塊錢。然後，得意地走了。要知道，儘管這書看上去有些破舊，不過是上面蒙了一層灰塵而已。

　　我又在別的攤子上轉了轉，但什麼也沒有買到。乾脆回家去，反正有兩本書可以看。從錄相館路過的時候，裡面依然是起伏的聲音。回到家，我用濕布把書擦拭了一下，它們看上去還算過得去。我先翻了翻《傅雷家書》，沒有讀下去，裡面的議論太多了，讓人消受不了。於是，就看起了《笑忘錄》。

　　就這樣我開始了米蘭・昆德拉的閱讀，那種狀況是微妙而又奇特的。後來，我繼續讀了他的一些書，可是，我都找不到這種感覺了。如若不是那個黃昏，巧遇米蘭・昆德拉，我想在另外一個場合遇到，都不會有這樣的經歷。正如來自布拉格的卡夫卡說「布拉格是個沒有記憶的城市」一樣，那個黃昏是沒有記憶的。

# 人民南路上的房龍

　　我淘書不過是近幾年的事情，以前都是零散的在舊書鋪淘一點，因為不知道書的好壞，不敢去翻更多的書，只是買點喜歡的作家的書。後來，在 2000 年的時候，我在岷山飯店後面的一家文化單位上班。開始陸續買一些書。

　　那時，成都的街頭巷尾還有不少的地攤書買，常常吸引了我這樣不怎麼讀書的人的目光，記不得有多少次流連於舊書地攤了。有次，一位朋友給我推薦了兩冊房龍的書：《房龍音樂》和《名人畫像》（太白文藝出版社版）。郁達夫曾說：「房龍的筆，有一種魔力⋯⋯是將文學家的手法，拿來用以講述科學⋯⋯無論大人小孩，讀他書的人，都覺得娓娓忘倦了。」房龍那時是一代知識份子的偶像，不少人作文不引他的文字似乎就是不深刻似的。在書攤上的常見的買了回來，自然是十分的喜歡。

　　不過，這兩冊書不大好找。我跑了一些書攤都沒有遇到過它們。那時上班下班都必經過人民南路三段，路的兩側有不少綠竹，在那兒就有不少的舊書的地攤。我就挨著尋找，先是看見一冊周作人的《雨天的書》，有點破舊，五十年代的本子，問老闆，五元。我還至兩元，他不賣，只好走掉，相信在地攤上淘到這樣的書，多少也不是很困難的事。但從此再也沒有遇到過了。

101

在人民南路尋覓了不知好多次，都是失望而歸，要是買一冊武俠小說倒是遍地都是，隨便挑選也能找到滿意的冊子。但房龍的這兩冊書怎麼也沒有遇到。正在沮喪，想著無緣再見的時候，卻不期然在街頭遇到了，那可真是一種喜出望外。

有天，我陪朋友逛這些舊書地攤，在一個不顯眼的攤子上擺著不多的書，大多人從這走過，都會掃一眼而去。我看了看，也沒有什麼可買的。就在我轉身欲離去，忽然又回頭看了看：《房龍音樂》和《名人畫像》正躺在那兒，似乎在向我招手。趕緊拿起，看了看。老闆說兩冊六元。也不還價，就拿在了手裡。剛走不遠，只聽一個女孩的聲音對老闆說，有沒有房龍的書，老闆說，剛才賣了兩冊出去。我沒敢回頭望，生怕被對方搶走似的。朋友走在身後說，乾脆把那兩冊書讓給她，也許是一種豔遇也未可知。可我說什麼也不肯。豔遇在我看來，倒沒有這書靠的住，買回家至少不用擔心它什麼的了。

後來，我在人民南路還買過一冊聶作平著的《房龍圖話》（四川文藝出版社版），這是我第一次買他的書，大約是跟房龍有關的吧。不想多年以後，跟他坐在一起喝酒，倒是忘記了請他簽名的事了。說是他的粉絲也是毫不為過的。

這以後就常常逛人民南路的舊書攤，不知道哪一天起，它們就風捲殘雲般的消失了，再也沒有看到過這些舊書攤。現在，偶爾翻起這些書，依然會想起這陳年舊事來。

# 清水河上遇昌耀

　　恐怕現在的中國詩壇大概很少有人提起昌耀（2000 年 3 月 23 日去世）了。這個青海詩人很獨特，他的詩歌寫出典型的西部高原氣質的濤歌。據說，他真正引起廣泛注意是八十年代以後的事情，而我知道他的時候是在九十年代。那時，我還在北方的一個小城讀書，那地方很偏僻，像樣的書都很難見到，更不要說詩集了，不過，偶爾能見到一些詩歌刊物而已。昌耀大約是在某一冊詩歌刊物上見到的，似乎是寫他對於詩歌的熱忱。

　　「昌耀筆下的青藏高原聖潔而莊嚴，這個充滿著草地、牧歌和『河源』的地方是被作為生命、信仰和民族文化的發祥地詠歎的，籠罩著理想主義精神的光輝。而在具體的意象擇取中，昌耀善於把高原的歷史傳說和現實的生活細節結合起來，從而在人類最基本的生活形態中體現他們最高貴的精神品格。」那時讀的大概就是這樣的一類文字。因此，對他很是佩服，能把詩寫到這種程度是嚮往的。那時似乎是他的詩集《命運之書》剛剛出版不久的事情。

　　於是，便記住了詩人昌耀。而遇到他的詩集則是在紅粉之都的地方。有段時間，我習慣於下午逛逛舊書攤。成都的舊書攤可真逛了不少，九眼橋、川大、川師、建設路、海椒市等等的地攤都去過，可惜現在都已消失不見了，只有幾個舊書攤可去看一看，驚喜自然

是越來越少了。去清水河那邊是偶然的一天下午去五大花園做採訪。回來時見不少的地攤，擺放著這樣那樣的東西賣，很是熱鬧。就順便逛了一下，買了幾冊書。

後來，就經常來看，《小說月報》、《讀書》都是一元一冊。買了不少回來，可惜很少花時間去翻一下它們。又一天，我到清水河淘書，走了半天，買了譚恩美的《喜福會》之外，並沒有什麼收穫。在最後一家書攤，竟然奇蹟般地遇到了昌耀的《命運之書》（青海人民出版社 1994 年 8 月版），五元拿下。老實說，這本書設計的不怎麼樣，看上去像盜版書（詩集盜版的很少的），很容易就放過去的。我猜想，老闆看到這樣的書也覺得不怎麼值錢，能賣掉就不錯了吧。豈知昌耀的價值所在呢。

回來後，趕緊將書擦拭一新，然後就仔細讀了起來。給我的印象是深刻的不僅是他的詩歌本身具有的品質，更有它的出版歷盡艱辛。這是他自費出版的第二部詩集。昌耀說：「《命運之書》有兩個含義：一個是探討命運的書，一個是對命運的書寫。」這可以說是昌耀的「命運之書」。現在，經常能讀到詩人朋友的詩集，甚至把它們與《命運之書》放在一起，高興了就讀一兩首，也是一件快樂的事情了吧。

這以後，我又去過幾次清水河，因為住的地方距離這兒太遠，乾脆搬到這附近住算了。可搬來第一天的下午，我走在熟悉的街道上，居然發現那些舊書地攤居然都不見了。

# 嗜書癮君子

　　有個作家說，與書相遇是一場羅曼史。確實是這樣，比如某次逛冷攤，自以為現在能遇到好書的機會越來越少了，去也是白搭。這樣的經歷以前有過，不去的話，又覺得心癢難耐。這次也不例外。不想剛逛了一家，遇到鍾鳴的《人界·畜界》，五元錢拿下，實在是痛快至極。鍾鳴在成都的郊區開了家私人博物館，名為鹿野苑，曾專門跑過去看。他現在已很少作文，書更是少見，能在冷攤遇到真是意外的驚喜了，就是其他的書攤不看，也足矣。

　　這樣的經歷多少是值得令人感慨的。經歷的多了，逛書店遇到遇不到令自己喜歡的書，似乎都不在重要，有段時間是，每週六早上去看書市的新書，周日跑到草堂舊書市看，一周的休息日大都這樣安排，忙個不亦樂乎，下午就找個地方看書去。或參加讀書會，聽聽別人關於讀書高妙的言論，有不少好書是在這個場合認識的。結果可想而知，是何等的結果了。

　　每週買書的錢在增加，以至於出門時只要帶上幾百塊錢，准要往書店去一趟，否則一天心裡就不踏實。到了書店，可買可不買的，也都拿下，書放在家裡，即使不看，也覺得有幾分心安，總不會在以後為了尋找它們而到處尋找。

　　有段時間，熱衷於網上買書，特別是同城的網上書店，更是常常光顧，先在網上把書選了，訂單下了，隨後挑個時間，過去取書，

總比跑過去挑書快捷的多。這有一大好處是，遇到好書能及時下手，不會輕易錯過。某次剛下了訂單。一位在書店買書的朋友剛看到書，就被我訂下了，不免懊惱一番，也沒辦法，那冊揚之水的《脂麻通鑒》，是我久覓而不得的書，這時是難以讓手的了。

愛書之人，大都有這樣的經歷：開初買書，看到中意的就買，也不管價格的高低，書的好壞，自然是難免吃虧上當，這在愛書人看來，不過是小事一樁，畢竟不是「血的教訓」，買重複了，轉讓就是，不好的版本，換掉就是。買來買去，經驗自然大增，於是，買的書品質也好了起來。以至於最後不好的版本、品相不好的書都入不了法眼，「好書越來越少了。」家中藏書巨增之後，才發現自己買的書，認真讀過一遍的少矣，差不多變為為藏書而藏書了，多麼要不得的事情。這樣的藏書家不做也罷。

某一天，出得門來，找不到去處。忽然想起小區又開了家小書店，一直沒時間去，乾脆去看一看，也許會有驚喜也未可知。書店裡滿架新書，大都是識不得的書，流覽之餘，一邊感歎，想看的書幾乎沒有。正打算要走，看到一個新書臺，上面有一冊《嗜書癮君子》，湯姆·拉伯著，大致翻了一下，作者以幽默詼諧的手筆，把愛書人的種種愛書病狀一一臚列出來，讓愛書人看了會心一笑。在輕鬆自如的筆墨中，作者帶我們回顧了圖書的歷史、開本、風格、功能和種類，可謂妙趣橫生，別有風味。呵呵，趕緊買下。

回來，就著手細讀，篇目挺吸引人的。讀著讀著，就不得不說，這書中的癮君子的病情和症狀與我居然有些類似，多少也可算一個嗜書癮君子。呵呵，想必湯姆·拉伯也不會反對。

# 毛邊本的閒話

　　在舊書攤常常會遇到不切邊的書，開初，是不大敢取的，總以為是盜版書（不過現在的盜版書的印刷質量比正版書還好的多了）或殘書，後來看的書多了，才知道這就是所謂的毛邊本，熱愛這種書的人又稱毛邊黨。

　　據說，這樣不切邊、頁頁相連的裝訂方式舶來於歐陸，經東瀛傳入，中國「毛邊黨」的鼻祖則是魯迅。魯迅 1935 年致曹聚仁的信中說到：「《集外集》付裝訂時，可否給我留十本不切邊的，我是十年前的毛邊黨，至今脾氣還沒有改。」不過，毛邊書簡單說來，就是沒有切邊的書。說是沒切邊，卻還有一些區別，有的是書的上面、側面不切下面切，有的是下面、側面不切上面切，更有的乾脆三面都不切。英國十九世紀學者狄布丁曾將喜歡毛邊本列為愛書狂的八種病症之一，說這是「缺乏理性的表現」。

　　魯迅著作，自最初的《域外小說集》到逝世前的《集外集》，他都印有毛邊本。《域外小說集》合譯者周作人此後差不多也是如此。留毛邊本在二三十年代很盛行過一陣，不僅單本有毛邊，而且有過成套毛邊的《達夫全集》，郁達夫也稱得一員老「毛邊黨」。不過毛邊本讀起來，手不離刀畢竟麻煩，因而流行盛勢漸衰。唐弢在抗戰期間仍然說：「我之愛毛邊書，只為它美，一種參差的美，錯綜的美。」

到了社會安定的五十年代，社會卻不大容忍這種閒情逸趣，「毛邊黨」幾近絕跡。八十年代以來社會氛圍日佳，毛邊本再次流行，據說黨員也在數不少呢。關於這些故實，在藏書界多少是一段值得回味的佳話。

我所收藏的幾數冊毛邊本，大都是朋友贈送的，比如阿瀅的《秋緣齋書事》，從舊書攤淘來得甚少。這種書從印量上說，是少之又少，好的本子大都被收藏家藏了起來，我所見到的無非是邊角餘料，在他們看來，怕是不屑的了。這在我無所謂，只消一冊好書，不管是不是毛邊本，都成。所以，我還談不上屬於毛邊黨的。

成都的毛邊書局專門做了會刊《毛邊書訊》，我見過一兩本薄薄的冊子，印刷算不得精美，出了試刊，不曉得後來正式發刊沒有，也沒看見有什麼消息，我猜想，做一本毛邊本的刊物大抵還是不容易的。當然，現在出來淘書，遇到毛邊本，自然是喜之不禁，畢竟多少可以體驗一下邊翻書邊裁書的快感。不過，這還是令我想起孫犁曾給姜德明寫信說：「從昨天上午收到你惠寄的書，就開始了裁書的工作，手眼跟不上，直到今日上午才把兩冊裁完。這當然是雅事，不過也耽誤先睹為快的情緒。心急讀不了毛邊書，這就是結論。當年魯翁提倡，然而『毛邊黨』後來沒有普及，恐怕就是這個緣故吧？」

某次，逛舊書店，老闆拿出幾冊毛邊本，並有作者的簽名，索價甚高，我笑了笑，沒要。在網上也曾遇到此類的事情，到底這樣的毛邊本不是普通讀書如我這樣的人玩得起的。

# 在成都逛書店

　　對於一個愛書家而言，一生花在書店裡的時間簡直是不計其數，無他，就是看了書，腳步無法邁動，如果不買一兩冊回來，於心不忍，於心不甘，哪怕是回到家裡，也會茶飯不香了，甚至連個安穩覺都睡不好——這樣的事，多少是很尷尬的。

　　多年以前，我剛到成都讀書，就跟同學喜歡泡成都購書中心，一進場，一二樓全部是圖書，琳琅滿目，簡直不曉得看什麼好，那時因為囊中羞澀，大都是只看不買，儘管書的價格不高（與今天相比），更何況是剛從農村出來，也分辨不出書的好壞（今天怕也好不了多少的吧），站在書架前，一看可以是一天，有時遇到有經驗的買主，在旁邊偷學他們的經驗，而這是讀書的捷徑之一。這幾乎是每週的「必修課」。中午餓了的話，自然是不去下館子的，只是買一兩個麵包充饑而已——節約時間之故，剛才看的書正引人入勝，而且距離尾聲還有一段距離。如果這次無法看完，下次再來說不定書已賣了，到那時後悔都來不及了。

　　如此看來看去，一年也能看個百把幾十本的。等到上班之後，除了生活費，還是經常去書店，好似補償似的，這時是看到喜歡的書就拿下，只不過翻一下簡介而已。那時在成都購書中心的底樓有個特價專區，我經常去那裡，每次都買一大疊舊書回來，好像從沒

有空手而歸，那些書打五折不說，也是現在難以找到的好本子了。想來，不免有些慶幸，否則，真不知要遺憾多久呢。

在這些年買書生涯中，值得說一說的經驗是頗多的，最喜劇的是買《念樓學短》的經歷（那時尚不流行網上購書）。書剛上市時，在書店看了部分內容，十分喜歡，但一看價格是三十八元還是考慮了一下。於是，就常常跑成都購書中心看書，每次去書店總要跑到《念樓學短》陳列的位置看一看，書依然在那，很放心地走了，不由得暗笑自己，這書不是暢銷書，怕看的人也不是很多的吧，我倒也不必急著去買，等有了錢再買不遲，好像書就放在那兒，少有人理會似的。差不多等了大半年，我再去書店，走到老地方，卻不見了《念樓學短》。不免詫異，去服務臺查詢，說是剛賣完，還有一冊，卻不知所蹤，營業員說可能是沒有了。我就懊惱地走了，要是早一天把它買下來就不必這樣了。

那年春節，從安徽老家回成都，到了鄭州專門停一下，去書市看一看，不得，又去幾個地方，還是沒有，只好悵然而返。回到成都，依然是不死心，沒事，總要去西南書城轉一轉，也許奇蹟會出現的。我的運氣似乎不那麼好，每去總是找不見《念樓學短》，有些氣餒了，只好等著這書再版了吧。過了很長一段時間沒再去書店，再去依然習慣地流覽那家文學理論書櫃，卻十分意外地遇到了《念樓學短》。那種驚喜簡直是無法用語言來形容的了。趕緊去付錢，生怕從此失去了似的。

如此的奇遇按照前人的說法，大概算是得來全不費功夫，前提是要踏破鐵鞋無覓處。因為工作的緣故，後來就常常逛在西南書城。其他書店有機會也會進去走一遭，不管如何，每次進去都有一些新

發現，比如書的排列，場地的轉換，甚至某一本書在何處，都十分清楚，買書時，自然能以最快的速度拿到，這大概跟常逛書店有關的吧。要買的書這回是趕緊買下，以免以後留下更多的遺憾，但對於愛書家來說，買書完全是一個遺憾的過程，比如有次淘小寶的《愛國者遊戲》，查詢臺的顯示是還有書，在書店也是怎麼都發現不了蹤影，想來是顯示錯誤的了，不甘心，又找，後來在角落裡終於找見了一本，自是心喜不已。

現在，差不多也是每週都去書店，哪怕是閒逛一下也好——若追究起來，大概是早年逛書店落下的病根吧。不過，這期間把一位不怎麼看書的同事也發展成了愛書家，而且是百科全書似的的閱讀者。這樣一來，有時我忘記了去書店的事，他不免在旁邊提醒：好久沒逛書店了。於是，抽個時間，立刻趕到書店去，把一大坨書買回來，再細細品味，對今天忙活的人而言也是難得的意境了。

這麼些年，陸續買書，把居住的空間擠成了逼仄的境地也在所不惜。這些書得來的可謂五花八門，但最多的還是在書店買下，有的是重複的本子，原來的太過於陳舊而破敗，乾脆淘汰了之，總要給新書留點空間，這樣的做法自然是把自己搞得像個藏書家似的，其實哪兒算得上，只不過比別人多讀一點書而已。

# 習慣性淘書

　　愛書人喜歡的不是買書，而是淘書、得書，「淘」字把愛書人的精氣神都說出來了，就是在一疊書中不停地翻找，那像「買」那麼俗氣！「買」似乎只有在超級市場才算買的吧，卻未必有淘書的趣味。有位朋友去淘書時，總會說「請書」，這讓我想起以前人們「請」珍貴的物品回家一樣，也是令人起敬的。

　　每個週末都會抽出一天時間來，到書市或舊書市場看看，不為別的，就為那一疊疊書，值得花時間去淘了。星期天的一大早趕到舊書市場，以為去的早了些，不料舊書攤前的人已經是不少，有的拿著書正在查看是否缺頁、紙張什麼的；有的在書堆中翻檢，儘管雙手已經黑了，也在所不惜；有的把剛付過錢的書緊張的放進背包裡，生怕別人搶了去，那一定是一本久想得到、難以尋覓的書了。我跟著加入到這樣的隊伍，在這裡翻翻、那裡檢檢，收穫不大，正在失望之餘，忽然發現旁邊的書攤有冊契訶夫的短篇小說集《妻子集》，汝龍譯，1952年平明出版社出版的，比1982年的上海譯文出版社的要好，老闆要價五元，也不還價就收入囊中，契訶夫的短篇小說集就是這樣一冊冊零散地得到的。

　　像這樣的不經意的驚喜不知道有多少，偶爾在舊書市場遇見書友，等尋完了書，然後相約茶鋪坐一坐，翻著各自所得的書，說著

淘書的樂趣，或講一段藏書的故事，也許會成為一段佳話也未可知。然後散了，如果此時有興趣，不妨在去新書市看一看，淘些新書回去，何況淘書齋有舊書可淘呢，每次去它那裡我都是先在網上訂了書，然後去取，倒少了翻書的麻煩，有時也可避免與別人爭搶一冊好書。

周圍的幾個喜歡舊書的朋友經常一塊約到下午去淘舊書的事是經常有的，不過，現在的即便是舊書要價也很高了，倒不免讓人懷念以前那些地攤上的書，那時只消花個二、三十元就可以買回厚厚一疊的書，後來這些地攤消失了。現在要價不過一、兩元就可拿下一冊的書似乎已經成為絕響，就是一本普通的過期雜誌也是一元一冊了。

偶有空閒，就去書店現在已經成了習慣，有驚有喜的日子多，但失望的時候也是有的。比如居家附近有一間小書店，賣的書是又少又破，我照去不誤，有什麼新書來了，我倒提醒他多次，但書店似乎經營乏力，不見有什麼起色，而且老闆對我似乎很不滿，好似我在過問他進書的事了，我就懶得去那裡。

雖然是習慣性淘書，卻越來越發現，淘書有驚喜的時候是越來越少了，常見的書越來越多，因而，當從書店出來時，帶有落寞的表情，那一定是空手而回了。

# 挾寶而歸

　　昨天，順便去舊書攤走一走，也沒想著能買什麼書。好書都被別人撿走了，而我若有可能的話，也無怪乎撿漏而已。不過，這值得說一說的還頗不少。

　　四川師範大學旁邊有一家舊書店，常常去，常常是空手而歸。沒有值得看一看的書，但每次轉到它的周圍，不進去看一看，似乎是於心不忍，說心癢難耐也不過分，反正是非走進去不可。果然去了，也沒什麼起眼的書，但還是在亂書叢中翻檢，不想卻遇到了王爾碑送給別人的詩集，兩冊。幾元拿下。記得在今年春季在杜甫草堂參加活動，見了早就想認識的老詩人，依然精神矍鑠。多年以前我在讀中學時，看過她的詩，覺得很好，這次遇見簽名本詩集，雖然不是送給我的，也是難得的機遇了。

　　現在的舊書店買舊書也買盜版書的多矣，索價且昂，比如在一家舊書店曾遇見一套《孫犁文集》，索價甚巨，只好放棄了，半年後，再去，書依然在書架上，無人問津也。不過，在那裡我卻淘到了姜德明的《書葉集》，不過幾元錢，在我，寶貝似的帶回來。蘇恒先生的詩集這裡曾有一冊，且是簽名本。問價，二十元。後來，八元錢我在別的書店拿下，也是頗為快意的事情。

常常去舊書店，對舊書的知識是缺少的，好在店員在旁邊不時指點一二，也就多少知道一些舊書的學問。買書，是讀的，藏之名山的事大可不必。在舊書店買舊書大都是自己喜歡的書，至於版本價值什麼的，似乎都不再重要了。你說是，胡亂買書也無妨。

遇到好書，而以合適的價格買下，多少有些挾寶而歸的感慨了，不禁欣欣然。更何況在閱讀它們時，那種身心的愉悅是難以用言語來形容的了。

# 散出來的書

前幾天，在淘書齋買了幾冊書，有一冊是李吉光的藏書，上有藏書印。不知道李吉光是何許人也，查了下手頭的資料，仍然不得而知。在舊書市場上，常常遇到一些名家或藏書家散出來的書，也不奇怪，就是巴金向國家圖書館捐獻的書還不是流落了出來嘛。

常常逛舊書攤說不定會有意外的驚喜了。有次，去到杜甫草堂玩，出來就看見一個舊書攤，翻了翻，其中有從李華飛家散出來的書，有數十冊吧，上面有簽名。就順手買了汪曾祺在成都出版社出的書等數冊。李華飛是著名的老詩人，曾主編《春草叢書》。後來在《文史雜誌》上看到紀念他的文章，才知這些書是他死後不久就散出來了，想來，不免覺得可惜了。至於成都出版社，曾經出版了一些小冊子，價格便宜，但是印刷質量很差勁的。我曾買到數種，只因為這種小範圍的印書，錯過了就難以再遇見了。

在外地，這樣的事也是經常發生的吧，常常在報端見到有人據此寫出考據的文章來，也很有趣。清乾嘉時期，即便是浙江海寧的著名藏書樓——「道古樓」與「得樹樓」藏書也有散出的情況。至於近代的藏書樓因為歷史變故，圖書散落的也就更多了。張元濟創辦的涵芬樓跟這個也有關。1903 年，張元濟出任商務編譯所所長，編譯書稿時，每遇疑問，常苦於無資料可查，於是便著手籌建編譯

所圖書資料室。經蔡元培介紹，他首先購進紹興徐氏熔經鑄史齋的全部藏書，後來又陸續收購了太倉顧氏、海甯孫氏、南海孔氏等收藏家的藏書。凡遇國內名家藏書散出，他總是盡力收羅。到 1909 年，藏書日益增多，乃遷至寶山路新建編譯所的三樓上，正式定名為「涵芬樓」。

至於近代的藏書家在死後，或因為家道中落，或因為後代對藏書沒有了興趣，因而散出的書更是無法計數了。在《舊時書坊》（三聯書店版）中就有這類的記錄。從工廠流落出來的圖書在冷攤上見到更多了。我就曾買過夏目漱石的《三四郎》，周作人、林語堂等上個世紀三四十年代出版的書，都是從一些工廠的圖書室散落出來的。

藏書講究承傳有序，最直觀的依靠就是藏章，有名人藏章的書價格要高於沒有藏章的書，還有就是簽名本。時下，作者送給別人的簽名本被流落出來，也似乎是家常便飯了，某位喜歡讀書的老人曾抱怨說，現在出的圖書太多，看不過來。也許這是一些簽名本圖書流落出來的緣故吧。有次我在九眼橋舊書攤上就買到某名詩人的簽名本贈書。所以，不少藏書家在得到藏書的喜悅之餘，不免擔心以後圖書的去處，去圖書館應該是最佳選擇，但出了巴金的事後，也就不大讓人放心了。假若這些流落出來的藏書能得到新的讀者的喜愛，並能生發出一些啟示，不管是對藏書家，還是新讀者也算是一樁幸事了。

寫在書邊上

# 第四篇
# 文史坊

# 向胡適道歉

李敖說，其實胡適的思想是最溫和的，對我們中國人有利。

2005 年，李敖先生提出，希望自己捐款三十多萬元，在北京大學校園內為胡適先生建立一座銅像。他的理由非常有趣。他認為既然北京大學已經有了古今中外那麼多的人物塑像，作為北京大學的校長，胡適先生也應該有自己的塑像。這是毫無疑問的。

北大在對胡適立像的問題上，不是很明智。事實上，這也說明了大陸對胡適的態度。多年來，胡適在大陸無論是研究，還是思想的傳承上都做得很不夠。這除了政治原因之外，還包括他是近代中國自由主義思想的代表和核心人物，因為在大陸是不允許這樣的獨立知識份子存在的，更不要說是他們的領袖了。因此，在 1949 年之後，光彩奪目的自由知識份子在大陸出現了斷層。而在今天提倡學術自由的情況下有可能還原胡適的本來面目。

假如我們在回顧新文化運動時，要評價魯迅和胡適，誰更能代表新文化運動的精神時，一定會選擇胡適，因為他的地位是不容置疑的，而且他的行為也堪稱一代風範。當然這不是偶然的。畢竟在中國近現代思想史的每個領域，我們幾乎都繞不開他的。

而反觀同樣是新文化運動的主將魯迅，除了多年來享受到極高的榮譽，甚至被不恰當地抬高到「神」、「聖人」的地步，不允許別

人對他說「不」。與魯迅相比，胡適在大陸可謂受到了多年的「冷遇」。2005 年，《魯迅全集》的再版，又掀起了「魯迅熱」，甚至還出現了所謂的「魯學」。而胡適呢，在大陸至今沒有完整的全集出版，有的不過是一些簡單的集子，這和胡適的地位是不相稱的。

　　北大學者陳平原說：「作為北大人，我對適之先生總有一種歉疚感。」那麼，大陸的知識份子，或者說是那些沒有系統研究過胡適，卻動不動就「批判」他的所謂學人是應該向適之先生道歉了。

# 把魯迅從神壇上請下來

　　最近，李敖在媒體上發表對魯迅的言論，說魯迅不夠好。《魯迅全集》修訂編輯委員會副主任林非認為，說這種話的人不瞭解魯迅就隨便亂說。魯迅之子周海嬰卻說，媒體公開了這樣的言論，卻沒有給其他人反駁的機會，是不妥當的做法。乍一聽這樣話真令我驚奇不已。

　　魯迅是人，不是神，他同樣有平常人的一些弱點，他的生動或說可愛，除了他的思想、作品之外，應該還表現在這些方面。但我注意到，時下的評論界對魯迅還是抬到神的位置，他沒有缺點，好似鋼鐵戰士，一旦有人說了他的弱點，就會被認為是「不敬」，「亂說」，而對魯迅最不尊敬的恰好是這樣的專家。然而，只要看魯迅的文章就知道，他是反對別人這樣崇拜他的，所以他才提出了打破偶像的說法。因此，我以為，我們對待魯迅不應再繼續神化他，而是把他從神壇上請下來，還原他本來的面貌。

　　同樣，在近年的魯迅和胡適之爭中，兩派各執一詞，不同意一方觀點的必是另一方。如此粗暴的分類就是「文革」遺風的表現，那些自稱專家的傢伙也不過是偽專家，只會拿著空洞的理論說話。我就不明白，魯迅和胡適為什麼就不能並存呢？既然這個時代講求的是多元化共存。

　　前段時間看新聞說，魯迅後人周海嬰、周令飛在 2009 年初開展一項魯迅課本教學講授教師的全國「海選」活動。他們認為，目前的中小學課堂長期「誤讀」魯迅，「孩子們不喜歡魯迅，問題出在老師不會點撥。」而且，現在的中學語文教育流行一種說法，孩子們是「一怕文言文，二怕寫作文，三怕周樹人」。事實上，不是學生不喜歡魯迅，而是魯迅的時代已經過去。是不是我們還像以前學習「老八股」一樣學習魯迅呢？我看倒不必，畢竟除了魯迅之外，我們還有其他文章可以讀，說白了魯迅並不是人人都需要的必需品。

# 開書店

　　大概每個寫字的人都有一種書店情結，所以，都想開一把書店，開不起實體店，開網店也好，足以過一把癮就死的感覺。但知識份子開書店，總有種與商人開書店不同的氣息。

　　著名的哲學家、美學家張競生當年自己寫書自己買，在上海開了家書店，其名為美的書店。美的書店總投資兩千元，除了租金和裝修外，所剩就不是很多了。張競生用餘下的錢從北京、香港甚至國外購了一些書回來，書架上也就滿滿當當的。謝蘊如出資最多，任書店的經理。張競生任總編輯，聘請了三四個編輯，還聘請了四五個女店員，把整個書店搞得有模有樣。他靠這個發家致富了，後來轉向做學問，也頗有所得。魯迅、胡適、顧頡剛都開過書店，但最成功的還是鄒韜奮了，他辦的生活書店在 1949 年後成了中國內地出版界的主力。

　　文化老人施蟄存在上個世紀三十年代既開書店又編雜誌，特別是他主編的大型刊物《現代》，在「左聯」被破壞的情況下，將中國現代大多數左翼進步作家聚集在《現代》，創造了中國現代辦刊史上的奇蹟。那時辦刊物，要簡單的多，開個書店就相等於開個雜誌社、開個出版社，自產自銷，所以很多作家樂意這種方式來出版作品了。

　　上世紀九十年代中期，知識份子辦的學術書店又如雨後春筍般在中國內地出現，從萬聖書園到風入松再到貴州的西西弗書店、上

海的季風書園,可以說,這股風潮的出現是中國知識份子辦店傳統的一個回歸。

曾主編《萬象》的陸灝1990年代在上海市順昌路560號開了家鳳鳴書店。有段時間,施蟄存處理了一批西文書,一冊巴爾扎克的小說(三十年代版)居然賣了五十元,第一次,陸灝送了一千元,「只賣了三四十冊」。施蟄存高興的很,推薦香港的藏書家古劍先生在香港買舊書,港臺文藝及新技新書最好,找人帶進來,或郵寄,也頗為得利。古劍寄來的十冊書試銷,似乎效果不是很好的,因為沒了下文。

成都女作家、現在移居以色列的唐丹鴻1990年代在成都開有卡夫卡書店,可惜獨立書店的生意真不好做,開了幾年,也就停了。而專欄作家小你當年也開一書店,不過結局不是多麼的好罷了。

最近才知道,阿瀅兄當年在新泰市也開了家書店,後來不做了。不過,開書店不是丟醜的事,但以時下看,開書店不僅僅局限於實體店,網店也有不少。我熟悉的文泉清以前開有網店,姚宏越開的也是網店,後轉給眉睫了。就連我幾年前也耐不住寂寞,也開了店,名曰:讀書公社。

# 思想的時代

　　記得，去年在成都的某次讀書聚會上，冉雲飛兄推薦了這本《思想時代》，作者程巢父，以前看過他的文字，不甚喜歡，總覺得有些八股（不是八卦）。所以，這次在書店遇到，就拿下了。

　　所謂思想，好像我們這個時代是很少的吧，更不要說大家了，以我看，小家都算不上的特多。所以，遇到思想類讀物，總給人一種感覺，那是恐怖，比如某某主義一類的東西。不看，免得浪費時間。但《思想時代》，講的是陳寅恪學術、胡適思想，他們二位在那個時代做出來的事，是極為難得的不說，照今天看，也算奇蹟了，因為我們還在解決他們當初提出的問題。

　　關於這本書，不妨摘一段出來：

> 作為知識份子，要永遠保持一種開放的心靈，做到「毋意、毋必、毋固、毋我」的地步。通俗地說就是不主觀、不武斷、不固執、不自以為是。因為真理是無窮的，多元的，因此真正的知識份子必不可為自己的「一曲之見」所蔽。

　　「智慧的個性」就是獨立思想、獨立觀察、獨立判斷的能力。平民主義教育的第一個條件，就是要使青年人能自己用他的思想能力，把經驗得來的意思和觀念一個個地實地證驗，對於一切制度習

慣都能存在一個疑問的態度，不要把耳朵當眼睛，不要把人家的思想糊裡糊塗認做自己的思想。「共同活動」就是對於社會事業和群眾關係的興趣。平民主義的社會是一種股份公司，人人都有一份，不排斥某一部分人，所以平民主義的教育的第二個條件就是要使人人都有一種共同合作的天性，對於社會的生活和社會的主持都有濃摯的興趣。這樣就否定了把一部分社會成員打翻在地再踏上一隻腳就能造成社會飛躍的進步邏輯。

現在，很多人不能想像的是，在民國那樣一個歷經戰亂的時代，居然產生了很多思想的巨人，如胡適、魯迅、傅斯年等，他們的成績至今少有人超越。他們在物質上有時一貧如洗，但在精神上達到的高度，後來再也沒有出現過了。在歎息的時候，我們是不是該反思一下，這思想內部產生的肌理？

# 歷史學家的絕妙文字

　　幾年前，遼寧教育出過一套萬有文庫，其中有一冊《書緣與人緣》，薄薄的，樸素，但總覺得選的文字少了些，不能展現唐德剛的文字風采，有意尤未盡之感。作為歷史學家，唐德剛的讀書範圍不算駁雜，這本新版的《書緣與人緣》就是他多年讀書與日常見聞文章的集合。既寫人，也寫事，更少不了寫書，放在一起，就成為一組關於文化傳統的絕妙文字。

　　歷史學家必須公正，必須敢言，要不，歷史學家就不值得人敬重了。唐德剛是一位讓人敬重的歷史學家，即以公正和敢言見稱。如〈張學良將軍的赤子之心〉一文，有如下的段話：「所以我們如以『春秋大義』來觀察張學良將軍，他實在是一位動機純正、心際光明、敢作敢為、拿得放得下而永不失其赤子之心的愛國將領。」

　　在書中既有對其師胡適的論述，也有對張學良將軍的褒揚，還有對顧維鈞先生的敬悼，更有其自己的氣功經驗說。假若把它和作者的大部頭歷史著作相比，似乎只能算是「小道」了，卻更見作者的功力，無論知人論史，都有更直接的觀察和體會。關於胡適，我們對他的誤解很多，但在唐德剛的敘述中，就有可能將胡適還原了，這個還原的胡適卻也未必是胡適的真面目了，唐德剛的功勞就在於他還原了那段歷史。

如果我們忽略題材和篇幅，就可發現，《書緣與人緣》的功力和黃仁宇的《黃河青山》相仿，和錢穆的《師友雜憶》有點距離。不過，這正是唐德剛的與眾不同的所在了。歷史的絕妙之處不在於它的巧合，而是在於普通的細節當中展現出歷史的風貌。今天我們看歷史，不僅僅是瞭解曾經發生過的故事，而是在這些故事當中學到有用的東西。坦白的說，歷史給我們的啟迪意義就在於，告訴我們一段段不曾消逝的記憶。

# 那一張薛濤箋

　　薛濤被成都的最高長官韋皋奉為「女校書」之後，雖然朝廷沒有通過這個任命，但薛濤的大名早就揚名文化藝術界了。但自從貞元初被罰赴邊，那不是去過風花雪月的 HING 生活，也就是現在所謂的「勞動改造」吧。過了幾年，韋皋覺得這事自己處理得很草率，一個美女加才女，不管犯了怎麼樣的錯，都不會這樣的處罰，何況她根本沒犯錯呢，就又把她招呼回成都來了。

　　打被「勞動改造」以後，薛濤想著過「人在江湖，身不由己」的日子畢竟算不得安逸，倒不如退出江湖外，不在武林中，也許就能少了許多麻煩。於是，就在成都西郊的浣花溪定居下來，過起了自由自在的日子。

　　大唐時的浣花溪不是今天的模樣，不少造紙作坊在這裡安營紮寨，做起了小生意，不管是從邛崍還是由溫江的竹子運到這兒是最方便不過的，也符合排污的作坊要求（當然不是什麼環保行為），這些小店店類似於今天的前店後廠的經營方式，很是經濟划算。那些紙張當然不像今天的這樣五花八門，再說那時的造紙技術跟今天相比，實在是一般般，因而，能用起紙寫字的人，就相當於今天有本本的人——算是白領生活吧。

131

　　再說，那時生產的紙張大小都是一個規格的，很不合用，因為薛濤閒著無事，喜歡寫點小詩、作點小詞什麼的，那絕不是梨花體，其實，那些小詩相當於現在的手機小說。薛濤拿著那麼一大張紙，覺得只寫幾行字，絕對用不了那麼多，實在是有些浪費的嘛。若是算起來，薛濤大概是成都最早懂得節約的人了吧。

　　薛濤曾想過自己製作信箋，可由於不懂得技術，做出來的紙張看上去勉強可用，但達不到理想的效果，就只好放棄了。於是，她就找到了浣花溪的百年老店——李氏造紙坊，要求店家按照自己的要求生產小箋：規格、色彩都不能隨意改動。那李老闆也是頗有經濟頭腦的人，一見薛濤上門製作小箋就知道這事可以成為新聞，或炒作一把都是毫不過分的事，畢竟薛濤是名人，她後面還有一大幫粉絲。

　　李老闆就按照薛濤的要求，精心製作小箋，她喜歡紅色的，那就製作紅色的吧，那些工匠覺得做這樣的事簡直是費力不討好，花那麼多時間為一個名人做這樣的小事，多少是劃不著，畢竟是小眾產品，做得再好也未必有大市場。但李老闆心裡透亮，只要把這一筆生意做下來，那就成功了一半，幾經周折，師傅們製作出了深紅小箋。

　　過了兩個月，李老闆親自把紙的小樣送給薛濤看。她正愁店家是不是把小箋製作出來了，不想這麼快就送了過來，一見之下，就滿心歡喜：「哎呀，你們的技術真是不擺了，比我想像的都要好。」

　　「呵呵，客氣客氣，還是托女校書的福，我們才生產出這樣的東西來。」李老闆客氣地說，然後拿了十兩銀子就告辭走了。

薛濤就順手在那紙上寫了首小詩，橫看豎看都很滿意。左右的人也都說，從來沒有看過這樣漂亮的紙。

不想，這紙被來拜訪她的著名詩人許嵐看到了，他一見就說：「嘖嘖，這紙，這字，簡直是天下無雙。」

薛濤自然是客氣一番。隨後，兩人閒聊了一些文壇狀況，諸如誰又寫出了好詩什麼的。說了半天，許嵐就想起問店家怎麼生產出這樣的紙張之類的。薛濤很不好意思地送了他幾張，算是禮物了。

李老闆自從把小樣送過去以後，就加班加點地生產這種小箋。做生意的訣竅就是人無我有，人有我更精。畢竟商戰也是一種戰鬥嘛。果不其然，等了幾天，就有人來訂貨，指明要深紅小箋。他這時就眉開眼笑了：呵呵，果然不出所料，大生意這回真的來了。

這以後，不斷有人來買這種紙張。弄得他的貨源都有些緊張了。

周圍的商家一看他賣這種小箋，就能賺大把的銀子，賣別的紙張，雖然生意有，但相比就是一個天上一個地下，就偷偷地跑到他哪兒學技術，其實，那也沒多少技術含量可言，懂行的人一看就明白了的，哪兒用怎麼學習呢。

結果，不到一年的時間，浣花溪沿岸的商家都有賣這種紙張的。李老闆就把它命名為薛濤箋。雖然他很有知識產權意識，但那時候還沒有知識產權法，遇到這樣的事，官府是過問的，沒法，只有自認倒楣算了。那以後，大家也都覺得薛濤箋這名字很港，也都把各種小箋叫這名字。

雖然李老闆很為這事苦惱了一陣子，但也是無可奈何。某一天，他忽然靈機一動，你叫薛濤箋，我叫正宗薛濤箋，然後又在旁邊盤了家店店，名字改成老字號大小薛濤箋，看你們怎麼辦。別人一看，

他這樣做，也就紛紛跟風改名，這樣一來，就把薛濤箋炒了起來。市場上甚至還出現了有一些人屯積薛濤箋，這市場就越來越熱，一時是洛陽紙貴。所以，明朝何宇度《益部談資》說「蜀箋古已有名，至唐而後盛，至薛濤而後精。」

這種信箋很是流行了許多年，那以後也出現了一些類似的信箋，看上去相差無幾，但沒有薛濤箋的好看、耐用，後來，它才漸漸地被人淡忘了，大家已經很少用這種小箋寫字了。

# 時尚潮人黃崇嘏

　　成都美女的著裝時尚有著悠久的歷史，可謂時代的潮人。五代時期，女詩人黃崇嘏可以說是傳奇人物，其父黃敏，母親楊氏，兄長黃彥。黃敏早年曾在京城長安作過侍郎官，後因天下變亂，戰禍連年，便棄官還鄉，因此人稱「黃侍郎」。後來，家道中落。

　　雖然身居香閨，卻喜歡著男裝。她打扮成儒生模樣，隻身從臨邛到成都遊玩。其颯爽英姿引來人們好奇的目光，那時還沒見過如此風流倜儻的潮人，在今天看都是了不得的事。

　　西元 888 年，有一次成都發生大火災，她身著男裝，從鄉壩頭來到城裡耍，路經現場，被人誣為縱火犯，哦呵，這下糟了，就莫名其妙地送進了監獄。她就以「鄉貢進士」身份寫下了一首〈獄中貢詩〉，就送給了當時的成都長官周庠手中。詩中說：「偶辭幽隱住臨邛，行止堅貞比澗松。何事政清如水鏡，絆他野鶴在深籠。」

　　周庠讀完詩，不由得驚訝，想不到在窮鄉僻野的臨邛還有這樣的高人，趕緊吩咐手下將黃崇嘏從獄中放出來，兩人見了，他更是喜歡，想一下這樣的人哪兒是縱火犯嘛，於是就把他留下來，擔當司戶參軍之職（八品小官）。

　　周庠見黃崇嘏不僅一表人才，而且辦事幹練，一些積壓多年的疑難案件也很快審理清楚，同事沒有不說他好的，心裡就暗自喜愛

上了這個小夥子：哎呀，要是黃崇嘏做了我的女婿，那我這下半輩子就有指望啦。黃崇嘏聽說了這個消息，就想這下壞了，自己女兒家，哪兒能再娶女子當老婆哦，於是她再次寫詩給周庠，含蓄地表明自己真實的身份和意願：「自服藍衫居郡掾，永拋鸞鏡畫蛾眉。立身卓矣青松操，挺志堅然白璧姿。幕府若容為坦腹，願天速變作男兒。」

周庠看了詩後，覺得這事情越來越好玩了，立即把黃崇嘏找來詢問，才曉得這黃崇嘏原來是女扮男裝，就更加稱奇。但既然黃崇嘏說出來了，他也不大好拒絕，乾脆順從了她的心願，送了一筆生活費，讓她辭官回歸鄉里。後來，她依母姓改名楊姑，與一老太太一起居住火井銅鼓山中。因她獻詩時，自稱為「鄉貢進士」，所以大家就以訛傳訛稱為「女狀元」了。「女狀元」一詞也就由此而來。

黃崇嘏詩中提到的「藍衫」，一般寫作襤衫或襴衫，是舊時儒生們穿的服裝。之所以寫作藍衫，那是因為用藍印花布製成的衣服，這種藍印花布起源於唐代的四川，史稱「蜀纈」。薛濤在〈春郊遊眺寄孫處士〉一詩中就說：「今朝縱目玩芳菲，夾纈籠裙繡地衣。滿袖滿頭兼手把，教人識是看花歸。」其「夾纈」也是指的「蜀纈」。

《唐語林》說：「蜀纈」是以木板刻成鏤空紋，放在白布或者絲綢上，塗刷石灰豆漿後，再放入藍靛浸染。染出的布料或絲綢，有花鳥蟲魚以及各種變形的藍底白花圖案。「蜀纈」流傳至今，已成為頗具地方特色的手工藝製品。而「藍衫」流傳下來，就成了秀才們所穿衣袍的通稱了。

與黃崇嘏不同，那時的大多數美女所熱衷的時裝，正如和凝在一首〈采桑子〉詞寫的那樣：「蠕蠕領上訶梨子，繡帶雙垂……叢頭

鞋子紅編細，裙窣金絲。」想一下：修長而潔白的「領上」綴著訶梨子（有的是在領上綴珍珠之類飾物），繡花飄帶垂落在雙肩，飄漾在胸前，穿著絲質的叢頭鞋子（叢頭鞋，女子鞋頭突起一塊，呈花叢狀，用以擋住裙子，以免裹腳，行走不便。）拖著長裙，走起路來，還伴著金絲般的窣窣聲。這樣的生活足夠優雅了，但卻是無比的麻煩，大概是因為這個也就漸漸地沒人穿了。

張光憲在《北夢瑣言》中說，當時蜀國宮廷裡的女子，還喜穿如同道袍一樣的奇裝異服，「簪蓮花冠，別為一家之美」。尤其是歡宴飲酒之後「因施胭脂，粉頰蓮額，號曰醉妝。」上行下效，蜀國的年輕女子都以「醉妝」為時尚。想來，這樣的翩翩起舞，一定是美得讓人無法消瘦。

上世紀初的竹枝詞還唱道：「綢緞綾羅任意穿，欄杆鑲滾又花邊。共說好看年年換，只計時新不計錢。」「女界爭趨時世新」，「奇裝異服各爭妍」。可以說，成都美女在穿衣打扮、追新求異的風尚方面。一直不落伍的，並且延續到今天。

# 馬可‧波羅逛成都

　　在今天的安順廊橋的橋頭，保存著馬可‧波羅遊歷中國的線路圖，不僅再現了《馬可‧波羅行紀》的路線，也讓人見識了一個西方人對東方的觀感。

　　且說西元 1275 年，義大利人馬可‧波羅穿過以色列、敘利亞、伊朗、阿富汗，翻過帕米爾高原來到中國，隨行的還有父親尼古拉與叔父馬菲。根據他自己的描述，他在元朝當過官，得到忽必烈賞識。

　　1287 年前後，受忽必烈派遣，馬可‧波羅由今北京出遊，經太原、西安，輾轉來到成都，成都並不是這次行程的終點，他還由成都入雲南，到四川西昌、大理，至緬甸、老撾，行程大約 6 個月。

　　由元朝交通路線看來，從陽曲、長安到成都，跟今天的寶成鐵路線相似，其中，漢中至廣元一段，是古稱「金牛道」的傍山棧道，非常難走，「蜀道難，難於上青天」的滋味，馬可‧波羅大概深有體會吧。經過數月跋涉，馬可‧波羅來到成都，在《馬可‧波羅行紀》第 113 章〈成都府〉一章中，記錄了他對成都的印象。

　　在來成都之前，馬可‧波羅早就聽說了一些成都的掌故，在〈成都府〉開頭，他寫道，「（成都）昔是強大都市，歷載富強，國王多人為主者，垂二千年矣」，「此州昔有一王，死時遺三子，命在城中

分地而治，各有一城。然三城皆在都會大城之內」。馬可·波羅記載的這位國王現在不曉得是誰了，他筆下的成都城卻已被後人證實。歷史上，唐代高駢曾在成都修築過一座「羅城」，有學者認為，馬可·波羅說的「都會大城」，應該就是「羅城」，而城中的「三城」，則是「大城」、「南少城」與「北少城」，三座城既相互獨立，又包含在「羅城」之中。當然，那時的成都還不是「選秀之城」，要不，他一定會停留得更久一些，留下來的文字也更多一些。

馬可·波羅喜好遊歷，閱歷頗廣，成都城的壯觀還是令他大為感歎，在他眼裡，成都是一座壯麗的大城，許多大小河川發源於遠方的高山，從不同方向圍繞、穿過成都，其中最著名的莫過於錦江，馬可·波羅稱之為「江水」。在《馬可·波羅行紀》中，他寫道，「有一大川，經此大城。川中多魚，川流甚急，廣半里，長延至於海洋，其距離有八十日或百日程」，「此川之寬，不類河流，竟似一海」，錦江船舶眾多，商賈乘船「往來上下游」，打魚的漁船拉網捕魚，「世界之人無有能想像其盛者」，以致馬可·波羅不得不聲明：「未聞未見者，必不信其有之也」。大有「不到成都非好漢」的廣告嫌疑。歷史上的錦江就是成都的大動脈，不但讓成都人過上了幸福生活，它還是一條繁華的水道，而元代成都則是河運的黃金時代，百舸爭流，千舟競帆，一派欣欣向榮的景象，也深深地吸引住了馬可·波羅的目光。

也許他到了成都，就住在錦江邊上的某個招待所裡，閒著無事，信步在街上閒逛起來。只見錦江上有一石橋，那橋「寬八步，長半里」，兩邊有大理石柱，一木制橋頂貫穿橋上，顏色鮮明，氣勢恢弘，與馬可·波羅在蘇州見到的小橋截然不同，這座橋還是一個繁華的

集市，橋上一字排開許多木制房屋，都是商賈、工匠經商的商肆，能「朝構夕折」；橋上還能看到元朝統治者的徵稅之所，稅金「每日不下精金千量」。這座橋，就是安順廊橋，是他記錄的中國四座橋之一。站在橋上，看兩岸的風物，在今天來看也是難得的佳處，馬可‧波羅的看到這個都市簡直是一個奇蹟，要知道在其他地區，還沒有一個城市有這樣安逸的生活。

從《馬可‧波羅行紀》看來，馬可‧波羅對成都的記載，僅僅限於安順廊橋與錦江一帶，並未對元代時成都有一個具體介紹，以及描述成都百姓的風土人情，也許他也想去成都的名勝古跡看一下，也許想去周邊地區逛一逛，但因為他來去匆匆，對成都而言不過是一個過客罷了，並未在成都過多停留，也就難以留下更多的資料了。從元朝的官方公佈的資料看，錦江是元代成都的重要河道，舟行不息，繁華無比，馬可‧波羅看到的大約只是成都的最繁華的地方。

隨後，馬可‧波羅匆匆告別成都，沿途碰到一些村落，他發現當地居民除了耕作，還擅長紡織布匹與綾綢，綾綢精美無比，竟引得中亞、西亞商賈不遠千里慕名前來購買，這讓馬可‧波羅讚歎不已。

# 尊經書院

　　在文廟西街西邊，據明天啟《成都府志》記載，此地在明代曾設為書院。到清初成都全毀，書院也不能例外。清同治十二年（1873年），四川最高教育長官張之洞集資在成都文廟街西側石犀寺附近修建尊經書院，光緒元年（1875年）春建成開學。清光緒二十八年（1902年），書院擴建為四川省高等學堂（四川大學前身）。

　　書院本著洋務派「中學為體、西學為用」的方針，最初計畫開設天文、地理、算學及格致（物理）等課，但因當時四川風氣未開，加之缺乏自然科學方面的教師，最終只得將就辦成一所講習儒家經典的歷史、詞章的學校。不過，尊經書院畢竟是中國第一批在辦學方針上提出學習西方文化的學校，在當時也是轟動一時的。

　　張之洞在書院成立之初，有感學風不佳，科場弊端甚多，親自為書院制定了十八條章程，亦即書院學規。鑒於川中風氣閉塞，缺少參考書籍和學習資料，張之洞慷慨捐出薪俸，為書院購買了一千多卷書籍。他那本極負盛名的《書目答問》一書原本也是專門為尊經書院的學生「提示治學門徑」而作的。

　　這裡的學生由省內各府按比例在有秀才、貢生等資格的知識份子中選送，由尊經書院擇優錄取。第一批學生一百餘人，就是從全省三萬名學生中選拔的，因此學生具有很好的素質，可以說集中了

全省的精英分子。1879 年，川督丁寶楨聘請湖南著名學者、教育家王闓運曾擔任書院山長（校長），親自授課，主講「公羊」經學，成績卓著。1898 年，宋育仁應聘擔任書院山長，組織了「蜀學會」，並發行《蜀學報》宣傳維新變法主張（《蜀學報》每期發行兩千份，共出十三期。），大力傳播「西學」，使尊經書院成了鼓吹維新變法的大本營，並推動了四川各地新式學堂的建立。

尊經書院的創辦，不僅使四川沉悶的學術空氣為之一新，而且培養了一大批出類拔萃的人才，如著名的經學家廖平，戊戌變法中死難的六君子之一的楊銳，吳之英、駱成驤、蒲殿俊、四川保路運動領導人羅倫、張瀾，被孫中山追贈為四川三大將軍之一的彭家珍，謝無量、吳虞等都在這裡讀過書。

張之洞於尊經書院付出甚多，也寄望極高。在調任回京的路上，他還給繼任四川學政譚宗浚寫信說：「身雖去蜀，獨一尊經書院，惓惓不忘。」

清政府宣佈實行「新政」，提出「廢科舉，興學校」。1903 年，以尊經書院為基礎，擴建為四川省城高等學堂，前後存在近三十年。而尊經書院留給後人的不僅是辦學精神，也有著劃時代的意義，畢竟它開創了四川的一代學風。

# 孫元良逸事

現在很多人知道孫元良是「逃跑將軍」，很少人知道他還是抗日名將。1904 年，他出生於四川成都大壩巷孫家老宅，父親孫廷榮是晚清的一名知縣，六十七歲才生下孫元良。叔叔父孫震，曾任第二十二集團軍司令官、國民軍第五綏靖區司令官等職。五子孫仲祥，又名秦漢，臺灣電影明星。孫元良的一生很富有傳奇色彩。

孫元良從軍多年，北伐、抗戰均參與其間，最值得一說的幾場戰役都是在上海進行的，最突出的是「一‧二八」淞滬戰役。

1932 年，孫元良擔任國民黨軍隊第八師 259 旅少將旅長。淞滬戰役發生後，孫元良率軍堅守上海寶山廟行鎮十一天，和友軍一起夾擊日軍，讓日軍受到空前挫敗。當時國際輿論評價此役為「國民黨軍第一次擊敗日軍的戰役」，孫元良因此役擢升為第 88 師師長。

1937 年 7 月 7 日，抗日戰爭全面爆發。8 月，日軍在上海虹口、楊樹浦一帶集結重兵，妄圖「三個月滅亡中國」。8 月 11 日，京滬警備司令張治中率第 87 師、第 88 師到上海楊樹浦及虹口以北佈防。8 月 13 日，日本海軍陸戰隊首先由虹口向天通庵車站至橫濱路段開槍挑釁，並派出一支部隊向寶山路、八字橋、天通庵路進攻，被孫元良率領的第 88 師擊退。此後，孫元良率領 88 師官兵在上海閘北一帶堅守陣地長達一個半月之久，粉碎了日軍「三月亡華」的圖謀。

　　為了掩護國民黨主力部隊轉移，孫元良又下令88師524團第一營的800多名官兵，固守四行倉庫陣地，並親手將「死守上海最後陣地」的命令交給謝晉元團長。面對十倍之眾的日軍，官兵奮勇抵抗，全國士氣為之振奮，這就是歷史上著名的「八百壯士」。孫元良因此再被升為國民革命軍第72軍軍長。

　　在後來的抗戰中，他的表現平平，頻繁在後方換防。直到1944年，他將日軍趕到貴州獨山，並獲得了青天白日勳章。

　　1949年，孫將軍經香港輾轉到了臺灣。但到臺灣不久，他就退出了軍界：「眼看臺灣人稠地窄，不忍同幾十萬同袍爭飯碗，即時辦了退役。那時國庫拮据，將官退役金為數極微，不像現在每月有十幾萬退休俸。」秦漢記得：「那時，我年紀還小，記憶中父親曾穿過軍服，忙進忙出。我們住在臺北北投區，家裡養雞、養豬，和大多數當年的臺灣人一樣生活。後來，父親離開臺灣，到日本經商，一度賣麵維生。」

　　孫元良雖然身居臺灣，依然有著四川人的豁達與韌性，加上重視養生，活到了一百零三歲高齡。被媒體問到養生之道，孫元良說：「我平生不抽煙，不飲酒，不吃辛辣，不吃蔥薑蒜，不吃泡菜醃菜，不吃腐乳醬瓜，不吃涼拌菜，不吃西餐中的調味汁，不吃沒在菜裡煮熟或煎熟的生醬油；每天喝幾杯香片茶。我雖有這些忌口，倒也無病無痛。」

　　孫將軍最為自豪的是：「我平生只進過兩次醫院，一次是因腳癬入廣州公醫院，適逢廖仲愷先生遇刺，我親見他的遺體被抬進醫院；另一次是當排長時中彈負傷住院。除此以外，我與醫生無緣。我嗜好園藝，喜歡栽種修剪花木，這是從小養成的習慣。我好讀歷史書，

從而探究文明的興衰規律，所以人世間的榮辱名利我拿得起、放得下，也看得開。這五十多年我無官一身輕，心理平靜、平衡，心平才能氣和。」

　　1985 年，日本軍國主義否認 1931 年以後侵略中國發動的屠殺中國人民的罪行，孫元良站在維護國家民族利益的立場，立即在臺灣高雄市發表了一份抗議書，義正詞嚴駁斥了日本軍國主義謊言，足見孫元良熱愛祖國心情。這讓人想起「九一八事變」後不久，當時的《中華日報》曾刊登過孫元良將軍為子女命名的新聞──孫元良念念不忘東北領土的失陷，把所生的子女命名為：思遼、思黑、思熱、思吉，這在民國的將軍中大概也是一個特例了。

# 知識份子的困境

　　時下，我們的知識份子紛紛向政治看齊，不願意坐在書齋裡做點學問，近期的經濟學家的是非爭論正是說明了這一點。在《當知識份子遇到政治》中，馬克‧里拉對歐洲的知識份子進行了解讀，但這對於我們的知識份子如何處理學術與政治之間的關係，是具有啟迪意義的。

　　作者在書中所論述的是針對二十世紀歐洲最重要的思想家及其政治參與而展開的一項既富有哲學意蘊，又不乏傳記旨趣的調查。它以鄧丁‧海德格爾、卡爾。施米特、瓦爾特‧本雅明、亞歷山大‧科耶夫、米歇爾‧福柯和雅克‧德里達的生平行藏為例，馬克‧里拉揭示了這些思想家如何為所處時代的意識形態和動盪所迷惑，以致對極權主義、暴行和國家的恐怖行動視而不見。事實上，知識份子參與政治是好事，也是壞事，全看他們怎麼去介入政治。

　　在我國的古代或現代都有不少知識份子參與政治的先例，不管他們在當時的得失如何，對於今天的知識份子來說，都是極具價值的個案。作者對知識份子中的浪漫主義者的批評在我看來，同樣是重要的：「他們擺脫了上帝（權威）和統治者的束縛，沉溺於中產階級生活的舒適，他們徒具人的空殼，因著需要游離於責任之間，所以對一切信仰都很熟悉，但什麼也不信。」

　　誠然，我們需要明白的是，我們對人類的思想理解得越多，我們就越能更好地理解我們所處的時代和這個時代的需要，無論我們身處哪個國家，哪種文化。

　　今天，我們看知識份子的困境所在，似乎看的很是明白。但在當事人看來，可能更為複雜一些，這就是因為身在期間，總是有著這樣那樣的關係牽涉，如果純粹用理論來解釋，當然能一目了然他們身處那個時代的狀況。不過，知識份子不是單獨的個體，不是孤獨的，因此難免跟社會發生許多的關係，也正是因為這樣，知識份子才有可能出現迷茫，困境也就在所難免了。

寫在書邊上

第五篇
翻書記

# 忽必烈時代的迷霧

　　歷史學者對於世紀的回顧，更傾向於認為，十三、十四世紀的世界是屬於蒙古時代的。成吉思汗的征服顛覆了東、西方的舊秩序，他締造的大蒙古國囊括了多半個歐亞版圖，首次形成了近代以前長達一百年的「世界體系」。這一體系構成了歷史上懸案，今天來看，成吉思汗的成就不僅在於一個版圖構建，而是在於將民族融合、文化交流糅合在一起，促進了近現代文明的進程。事實上，元蒙帝國一直處於被低估的位置，儘管研究者不少，但八百年來，成吉思汗幾乎被當做東方「野蠻人」和遊牧君主的特定文化符號，而他的嫡孫忽必烈也難以逾越這樣的評論。

　　莫里斯・羅沙比的《忽必烈和他的世界帝國》卻是另一個世界。這是西方第一部全面敘述忽必烈生平的傳記，再現了忽必烈從藩王到蒙古大汗、直至元帝國君主的波瀾壯闊的一生。作者力圖剔除各種史料中的偏見，「顛覆」人們對忽必烈和蒙古人的傳統看法，而這正是漢學家所缺乏的視野。

　　作為世界有史以來疆域最遼闊帝國的締造者，忽必烈不但繼承了成吉思汗的雄才大略，更完成了祖父號令天下的目標。忽必烈半生戎馬，開始時，即便是作戰，表現的也不是特別好，隨著機遇的來臨，他率領蒙古軍騎長驅直入，踏破了南宋江山，征服了中國的

剩餘地區，還揚威海外，兩次侵入日本。儘管這最後是以慘烈的失敗結尾，但並不能因為這個掩蓋了他的成就。這確如馬可‧波羅所說，是真正的「大君主」，「從亞當時代至今，世界上曾有過的、統治著人民、土地和財富的最強大的君主」。

與成吉思汗以武功震撼世界不同，忽必烈更以文治著稱於天下。為統治多民族、多宗教並存的帝國，他和幕僚們一起，建立了一個以漢法為基礎又不為傳統中國理念所束縛的政府，為元朝的百年江山奠定了基礎。這讓我想起了日本幕府時代的德川家康，他開創的德川幕府在日本歷史上維持了長達兩百六十多年的和平統一局面，這給日本封建經濟的發展，提供了比莊園制時代略好一點的社會環境。

作為天下共主，忽必烈以一種空前的開闊胸懷，聚攏各族精英，廣泛吸收各種文化中的先進部分。他既是儒家思想體系的擁護者，也是熱心的佛教徒，還許諾他的許多臣民將皈依基督教，更是穆斯林的保護者。他試圖在多種文化之間維持微妙的平衡，並取得了令人敬佩的成功。不過，在漢史典籍中，忽必烈儘管很偉大，全國統一後，忽必烈的「保守、嗜利和黷武等消極因素都有了發展」。

在執政初期，忽必烈大量豁免、減免稅賦，鼓勵農業生產；給予商人相當高的地位，促使國內、對外貿易異常繁榮；允許藝術家自由創作，給予帝國工匠充分發揮想像力的空間（元史專家李治安認為這「值得商榷」），並激勵科學家更大膽的創新。事實上，在採取這些措施時，主因是他剛即位大汗（越來越傾向於農耕文化），面臨著蒙古保守主義者（遊牧文化）的顛覆。因此，他有著急於讓人民認同其合法性的焦慮，在那個時代，忽必烈的焦慮轉而成為他不

斷擴張的動力，因為只有足夠強大的實力才能證明他是天下共主，不僅僅是中國皇帝。

在漢學家看來，忽必烈推行一種二元政策是違背人心的，這個所謂蒙漢政策，他一方面以加強中央集權，另一方面則可嚴密對漢人的防範，並把境內民眾分成四等，由此一定程度上激起了民族矛盾。但若從管理學上看，在那個時代採取這樣的政策，毫無疑問是方便行政系統的管理，更高效地使帝國運轉。

然而，我們不得不承認，忽必烈所統治的帝國，代表著當時世界範圍內最先進、最富庶的東方文化。這種文化通過暢通的絲綢之路，無保留地被傳播到南洋、印度洋，直至歐洲腹地，使西方人對東方文明產生嚮往和傾慕，並刺激了哥倫布遠航尋找新大陸。「遠征的慘敗、無度的財政需索、個人健康的衰退，使得忽必烈建立世界帝國的夢想最終未能實現，但這無損於他的榮光。」莫里斯·羅沙比如此評價忽必烈，多少是有其道理的。

為什麼忽必烈會締造一個橫跨歐亞的帝國，在他身上有許多迷霧令人困惑。不過，隨著對歷史深入的研究不難發現，這取決於他具有寬廣的胸襟、敏銳的洞察力和出色的領導駕馭能力。當然，我們看歷史，不僅站在今天的角度上看，更要有全球性的視野，如此我們才能更清楚地看到忽必烈時代的迷霧。

# 吉布斯維勒小鎮的傳奇

　　這個世界之所以帶給我們許多愉悅和亮色，大抵是因為偶爾出現一些事情給我們以驚喜。比如海明威的同窗好友、菲茨傑拉德的同時代的作家，在相當長一段時間裡，約翰・奧哈拉並未引起中國讀者的關注，在中國學者所著的美國文學史中也鮮有論及——文學史總會有意無意地忽略一些作家和事件的，因而，我們可以理解，即使是在哈佛大學薩克文・伯柯維奇教授主編的八卷本的《劍橋美國文學史》中，約翰・奧哈拉和《相約薩馬拉》也只是被一筆帶過，比不過《永別了，武器》和《了不起的蓋茨比》那樣被描述。然而，在去年《時代》週刊創刊以來的百部最佳英文小說裡，《相約薩馬拉》排名第六，遠遠超過了許多我們耳熟能詳的經典小說。這是毫不奇怪的，大概是因為我們距離它更遠了些，能看清楚它是一冊什麼樣的小說。

　　約翰・奧哈拉是新聞媒體出身，在那些年月裡，他東奔西走，生活漂泊不定，後來他在與妻子離婚不久，開始創作《相約薩馬拉》。小說描述了 1930 年的美國生活，那時的耶誕節前夕，在距費城兩小時車程的吉布斯維勒小鎮的社交圈裡充斥著舞會和派對，音樂通宵達旦，美酒開懷暢飲，在這光環的中心站著朱利安和卡洛琳・英格里斯夫婦——無論是朋友還是陌生人都對他們有著同樣的嫉羨，他

們是多麼完美的一對：擁有高等俱樂部會員資格、精緻的宅第和生活方式，這樣的一對總是應該遇到這樣那樣的麻煩，否則故事就不好看了──讀者大概都是如此刻薄地看這樣的故事。於是，突如其來的一杯冰水威士卡打破了這一切。朱利安・英格里斯從此就告別了上流社會，儘管他努力想避開各種問題，命運似乎在捉弄他，勢不可擋地走向了自我毀滅，這是註定了的。就像在引文裡毛姆說的那樣：「因為我和他（死神）今晚在薩馬拉有個約會。」這是一個引喻，但它帶給人的不是強烈的震撼，假若回頭就會發現它的魅力在於在舒緩的調子中，完成了對死亡的定義。

　　同樣是小城市的細緻述說，不管是東方還是西方的作家都會用不同的方法在解讀它們，正是因為小城的生活微不足道，才有可能寫出厚重的作品來。《相約薩馬拉》真實地重現了那裡的人際衝突與小城生活的苦澀與艱難。奧哈拉追求的是細微的描敘，簡單明瞭的風格，同時，奧哈拉實踐了他給另一個作家的忠告：「如果你想離開那個糟糕透頂的鎮子，那麼看在上帝的份上，寫一點能讓你離開那裡的東西，寫一點能讓你自動和它斷絕關係的東西。」。這與海明威的新聞式寫作一樣，敘事平淡，悲憫中略帶酸楚，冷漠而又真實。我猜，正是因為這個，海明威才說：「如果你想讀這樣一本書──作者對他所寫的內容瞭若指掌，而且又寫得十分精彩，那麼請讀奧哈拉的《相約薩馬拉》。」

　　這裡，我想說，真實性是那麼獨特，以至於我們在閱讀小說時也無法擺脫這個。有「隱蔽的大師」之稱的顧隨認為，偉大的作家是重現過去的真實，而一般的是再現，他們的差異是重現能讓我們回到現場。從這個意義來看，細節的真實是奧哈拉小說的特徵、風

格。那也是他所迷戀的某種東西。他用這種粗暴的方式說明他是熱愛這個世界的，而這部小說所忠實的真實是，命運潛入我們生活的方式，它發生在割裂的社會背景下，這種割裂不斷擴大直至完全成為冷漠。這是現代社會的病症之一，因此人人在努力逃避它，但在茫茫的未知路上，逃避並不是唯一的選擇，故事也就變得多彩，奧哈拉一定會同意這種說法。

美國評論大家特里林在《紐約時報》上說：「奧哈拉在美國當代文學上具有特殊的地位，他是唯一一個能把美國社會生活場景描寫到可以與亨利‧詹姆斯或普魯斯特相媲美的當代作家。」這種讚譽是難得的，因為特里林從來不輕易表揚一個作家，在他看來，小說都是那麼回事，偶爾有些驚喜是很自然的，大可不必奇怪，就像吉布斯維勒小鎮的故事一樣。

# 歲月的指紋

　　前段時間，連續讀了兩本跟紅色有關的書，一本是《我的名字叫紅》，作者是今年新科諾貝爾獎的得主奧爾罕・帕慕克。當然不是因為這個原因才去讀它的，而是早就買了回來，被小說的氛圍弄迷糊了，就放下了。在作者得了諾貝爾獎之後重又拿起，感覺就又有所不同。另外一本就是《完美的紅》，作者格林菲爾德講述了紅色在歐洲的不同發展時期所扮演的不同角色。令我感興趣的是，裡面也提到了一種「土耳其紅」，不免浮想一番，比較二者的來龍去脈，這樣的閱讀，於我也算是一種難得的享受。

　　紅色的含義是繁複的，就如同它被人類接受的過程。早先的文化裡，紅色代表的是神聖。比如石器時代生活在歐洲的尼安得特人用紅色的赭土石來埋葬死去的夥伴。克魯馬努人也是這麼做的，他們也用這種富含鐵質的礦石來描畫洞穴裡的牆壁。在古代的中國，紅色被看作一種幸運的顏色，繁榮與健康的標誌。在阿拉伯世界裡，紅色有時候被解釋為一種神之恩寵的表示，有時候則被分析成一種被詛咒的符號。不管怎樣，它都被當作是一種男性的顏色，是熱度與活力的象徵。在非洲撒哈拉沙漠以南地區，紅色是一種享有崇高地位的顏色。在古埃及，紅色被認為是危險的預兆，是獻給騙神塞思的聖物。在古羅馬人的心目中，紅燈等同於聖火。如此的對比，我們就不難理解人類對於紅色的情結了。

在歐洲的一些地方，紅色不僅象徵著高貴、權威，更是帶動了社會文化的風潮，而由此引來的染料行業的發展史也是頗具革命意義的。在義大利，受當時經濟的影響，染料行業的發展是緩慢的。不僅如此，《禁止奢侈法》的制定更是增強了顏色與等級的聯繫。這樣的分類法在現在看來，顯然是不合乎道理的。不過，後來這種情況好了許多，也越來越受到人們的重視，因為他們是顏色的製造者。這時，為了行業的持續發展，自然要採用諸如壟斷等手段來維護他們的利益，因此，也從一定程度上限制了染料行業。

紅色是太陽的顏色，國家予以重視，作為紅色的製造者——染工就要想盡辦法來滿足市場的需求。那時還沒有完善的市場，僅是供應宮廷大臣而已，但在歐洲缺乏製造紅色的原料，茜草雖然是當時歐洲最受歡迎的紅色染料，但亦有不小的缺陷，而海石蕊與巴西木都不大可靠。橡木胭脂、聖約翰的血和亞美尼亞紅都一直是染料的寶貴來源，由此引發的資源爭奪勢在難免了。

歐洲發現美洲的同時，也意外地發現了胭脂蟲紅染料。多個世紀，西班牙一直保持著對這種染料的壟斷，由此引發了海盜、間諜活動，甚至不惜發動戰爭。此時，胭脂蟲紅染料不僅是一種原材料，更是由於它具有高昂的價格，而成為帝國經濟的重要組成部分。因此後來的關於紅色的爭奪就更激烈了，這是人類對於完美的紅色的追求見證。

隨著科技的發展和時間的流逝，紅色並不是多麼難得的事情，對於紅色的追逐才回復到一種平靜的狀態。當然，時尚並不是固定不變的，如對於紅色，在不同的時代就有著不同的觀點，一本美國在 1866 年出版的《禮節指南》中就聲稱：「穿著花裡胡哨但華而不

實的顏色，這是非常差的打扮」。它甚至建議說，在「獲得良好教養的人」之中，流行更加柔和的顏色。紅色，不僅是激情的，也是隱秘的，不是「文雅的標記」，這種偏見一直持續到二十世紀，這種顏色禁忌在小說、電影或戲劇中都有所表現，為了安全，大多數人堅持選擇柔和的色彩。現代社會的多元化，當然是少了許多色彩選擇上的禁忌。

　　細細考察紅色的歷史變遷，如果要用什麼來形容它的話，它對於人們來說，就像歲月的指紋一般，細密而深刻，這也正如在書中的後記中所說的那樣：紅色能加速我們的心跳，加快我們的呼吸。人類內臟的活動表明，儘管胭脂蟲的時代已經結束，但紅色仍然留在我們的血液裡。

# 孤獨的愛情

　　我們需要的是什麼樣的愛情？當我拿到美國新生代女作家卡洛琳・派克絲特的愛情懸疑小說《巴別塔之犬》時，不僅產生這樣的疑問。「巴別塔」來源於《聖經》第十一章，意思是「變亂」，它象徵著人與人之間因溝通不暢而產生的種種問題。

　　如果用這個詞來形容當下的都市情感，大概也是極為合適的吧。因為我們所處的這個各種資訊迅猛發展的時代，許多事情具有不確定性，連人與人之間的情感都無法例外。從另一面來說，對情感缺乏信仰，才導致了這種現狀吧。

　　不過，小說寫得很古怪精靈，妻子露西從蘋果樹上的意外身亡，是意外還是自殺？唯一的目擊者是她的愛犬「羅麗」。而丈夫保羅是一位語言學家，他要找到妻子死亡的真相，於是，他想到「我想念我穿著白紗的妻子，是否能讓她的狗告訴我，埋藏在她生命盡頭的秘密……」，就決定教會「羅麗」說話，道出真相。事實上，這真相的來臨當然是有「羅麗」的日常目睹，但若說是露西是一時心血來潮想到自殺，顯然是不大可能的。

　　故事自然很精彩，唯美卻缺少抒情的調子，從他們的初次相遇，到第一次約會，到結合，到後來的種種，看上去毫不起眼，畢竟愛情就是這個樣子的，沒有道理可言。但我以為，派克絲特所追求的

不是懸疑故事本身，而是以象徵語言分野、表達困境的「巴別塔」作為基調，在懸疑的背後，探討的是關於愛情與隔膜的永恆追問。這樣的追問，我們看到了不少，老實說，沒多少深刻的，但派克絲特跟別人是不大相同的：對當下的愛情的思考，也是對人們脆弱的情感的解剖了。

這是「一個關於回憶、語言、悲傷和贖罪的故事，一次令人心碎的探尋！」所謂對個人情感的探尋，在時下的「變亂」情感時代，尤為必要。原來，我們以為對一個人足夠瞭解，但有一天發現那些瞭解根本算不上是瞭解，正如古人所說的「人心隔肚皮」，實在是很難一下子瞭解清楚的。「人人都以為和自己最親近的人共有一座巴別塔，以為自己最瞭解那個親近的人——然而，這座巴別塔真的存在嗎？」面對這樣的問題，我們確實無法給一個完美的回答。

到最後，我不得不感歎，原來愛情是那樣的孤獨，原來以為相遇是美麗的，卻並非如此，最難的是兩個人一起過日子，這一門學問實在是夠大，許多事可謂雞毛蒜皮，看似事小，但有時會被突然放大，這樣一來，兩人的關係就勢必變得不可救藥了。如何解救，也是不可忽略的，保羅與露西如果能隨著兩人的紛爭尋求一種解決方法，我猜，即便是有古老的神話、鬼魅的精靈所營造出的奇特氛圍，還有心靈治療、神秘塔羅牌等也不會出現悲劇的。但這樣一來，小說又有什麼好看呢？

# 恍如今世的暴力

　　伊恩‧班克斯是英國同時代作家中最有想像力的小說家，從這本《捕蜂器》中當可見一斑——小說的暴戾出人意表，在西方也曾經引起巨大爭議。這本 1984 年初版的長篇小說被媒體選為二十世紀最重要的百種英文小說之一，來頭甚大，不過在國內，並沒有引起太多的注意，大概是因為名字太過於樸實了點。

　　小說講述的是：十六歲的少年弗蘭克，從小和他的父親同住在一個荒涼的小島上。他個性孤僻、性情冷漠、迷戀暴力，喜歡殘殺小動物，以此預測將要發生的事情。在他的大哥從瘋人院逃跑並回到家向他父親復仇時，卻意外地發現弗蘭克竟然是一個女孩。原來，弗蘭克的父親從小給她吃激素，使她本人也沒有意識到自己是一個女性。小說不足的地方也就在於此，這種結尾牽強到居然用性別倒錯來解釋扭曲的暴力，是令人感到匪夷所思的。

　　伊恩‧班克斯對人性及社會黑暗洞察入微，這是難得見到的，在一系列看似恐怖血腥的故事中隱藏著對人類命運的深度思考，以及對科技發展所帶來的負面影響的深刻憂慮。在我的閱讀經驗中，這類的思考在西方小說中可謂比比皆是，但在中國的小說中很顯然還是相當少的。這是不能用中西方文化的差異來解釋的，但那又是因為什麼而有區別的？

　　老實說，我們現在看到這本書並不算太遲，二十年前中國大概還很少像書中描寫的那樣殘殺小動物的行徑，而今日諸如虐待小動物的社會問題離小說已經很近了。這種驚人的發現讓人有恍如今世，並不得不反思：人類與動物怎麼就不能和諧相處呢？

# 以遊走的狀態觀察世界

「大地是印第安之物。」這是凱魯亞克在《在路上》裡的口號。
這樣的口號我們看得太多了，但讀到這一句，多少還是有些驚訝。
儘管在看這本厚達 394 頁的書時，多少是有些壓力，甚至想到放棄
——好在，堅持看完了，但僅是內容結束了，更多的內涵還在繼續，
一如我們不停的旅行。但我們是《孤獨旅者》，從來沒有這樣感到孤
獨過——我們對周圍的社會是如此的陌生，我們無法抵達許多地
方，這是不是一種悲劇？

儘管「我還年輕，我渴望上路」，可面對越來越大同小異的城市，
以及趨同的風景，有什麼可看的東西存在呢？歷史吧，早就掩藏在
歲月的深處了，我們無法觸摸，唯有無盡的厭倦。我猜想，傑克‧
凱魯亞克所想像的旅行，不是「試圖用能給世界一些新意的眼光來
看世界。試圖尋找令人信服的……價值」。至於這個價值是怎麼樣的
一回事，似乎都不再重要了。

在小說中，他的行跡遍及美國，從南部到東部海岸、西部海岸
乃至遙遠的西北部，遍及墨西哥、摩洛哥、巴黎、倫敦，包括船上
所見的大西洋和太平洋，包括那裡形形色色的有趣的人和城市。另
外，還有鐵路的作品，海的作品，神秘主義，山的作品，迷亂，自
我中心，自我放縱，鬥牛，毒品，教堂，藝術館，城市的街巷、道

路，一種由一個獨立的受過教育的一無所有的隨意流浪的放蕩者所過的生活的大雜燴。這樣的組合看似凌亂，實則是社會的某些寓言。

離開不是結束，盛開不是美麗。我們對社會現狀有著更為深刻的、切身的體會，卻又無法從這其間脫離出來，甚至還會依附著這樣的社會機制，以此獲得某些身心的需求。不管我們是在路上，還是停下來，都難以給自己一個十分確切的定義：我們是孤獨的嗎？

我們很難承認這一點，就如同我們很難以接受這個現實：生活的重心離我們越來越遠，無趣充斥著我們的周遭，所以，在《孤獨旅者》中，凱魯亞克以數字般的精確再現了每一個城市市民的孤獨，現代生活的緊張使地鐵裡的人面無表情，而貧富懸殊的強烈對比，使擦肩而過的人群格外冷漠。現代生活產生的挫折感使人們擯棄了一切的幻想，所有詩的韻律都被壓縮在了一個個狹小的空間，聽起來更像是發動機的節奏。這也反證了本雅明的孤獨是喧嘩和運動背景下的孤獨，這種孤獨既令人絕望，又催發希望。

而凱魯亞克所理解的孤獨與本雅明的漫遊式的觀察顯然是不同的：在《孤獨旅者》中，凱魯亞克發表了最為驚世駭俗的「流浪者宣言」，在他看來，制度、法律、婚姻都是人類因為害怕孤獨而做出的無奈的選擇，它能使人類擁有生存的勇氣，這實在是不大容易的事。有一種說法是，「本雅明氣質」就是所謂的「土星氣質」，憂鬱、懷疑、孤獨、猶豫不決、迷戀不確定性和神秘性。

不管這是不是很誇張的說法，到底是跟我們休戚相關的，有段時間，我發現我的周圍這樣氣質的人很多，以至於我也有此類的狀態。另外，我更為認同他的說法是，出差不過是有目的的漫遊，旅遊也不過是更體面的流浪。因此，我們之於旅行，猶如一種機器的

運行，談不上什麼創新，不過是在避免某種思想上的憂慮，產生的反應而已。

懷特在《這就是紐約》中寫了對紐約的第一印象：「有誰指望孤獨或者私密，紐約將賜予他這類古怪的獎賞」。不只是美國人是如此的孤獨吧，在其他的地方也極有可能遇到這樣的患「孤獨症」的人，因為這是一個孤獨的星球。也許正是因為這個原因，我們才不得不求助於某種理想，儘管它可能距離我們有些遙遠，但我們在前行，總有接近的希望吧。對「垮掉的一代」，我們是不是應該這樣客觀的看待，儘管他們被認為是「遊走的一代」，反抗社會的常態。

心態樸素，知足長樂，悠然自得。這固然十分難得，當我們做不到這些的時候，是不是還一味要求這樣的生活，大可不必嘛。與其痛苦地活，倒不如開心地過，這不是一種境界，而是一種生活方式所需的態度。因此，不管孤獨距離我們到底有多遠，哪怕這社會有些扯淡，都無法阻擋旅行的腳步。

# 世界燦如斯

　　有關巴勃羅・聶魯達的詩歌，閱讀的時間尚早，那時喜歡詩歌，只要是詩歌就特別想著一讀，至於讀得懂多少，那是另外一回事了。更何況是諾貝爾文學獎的得主呢，後來似乎還模仿著寫了所謂的情詩，稚嫩的很，不說也罷。後來讀到跟他有關的小說，多少才算是對他的生活有了粗略的瞭解。而安東尼奧・斯卡爾梅達的《郵差》，可以說是對他最低迴的一顧了。

　　1950 年代，智利詩人聶魯達流亡義大利期間，居住在一個小島上，小島上的人民以捕魚為生，安靜而平和。然而詩人的信件常常堆積如山，需要專人來投遞，粗通文字的馬里奧成為了聶魯達專職的郵差，每天騎著自行車送信倒也樂此不疲。

　　那是一個對詩歌崇拜的年代，所以馬里奧在跟聶魯達送信的過程中，更是想到能得到他一本簽名的詩集，帶來泡美女的好運氣。不久，他愛上了旅館老闆娘的漂亮女兒，於是向詩人求寫詩一首送給愛人。聶魯達回答：「我要寫詩一定要有靈感，這個我寫不了。」馬里奧則反問：「你還拿諾貝爾文學獎呢，怎麼會連這麼簡單的東西都寫不出來。」接下來，在生動譬喻、情誼交織的相互唱答中，島上的空氣也隨之炎烈、濃郁了起來……。

　　相比而言，這些細節看上去都是那麼微小。簡直沒有多少為人稱道的地方，但它們密集地排列、組合在一起，構成了小說的底色：往事、感恩，欣喜，絕望，羨慕，嫉妒，而諸如此類的詞語交織在一起，那種情意說是濃得劃不開也是十分恰當的吧。

　　最令人激動的莫過於詩人聶魯達讓馬里奧為他精心錄製的聲音，馬里奧在錄音帶上的聲音解釋道：「第一，是海灣的海浪聲，輕輕的；第二，海浪，大聲的；第三，略過懸崖的風聲；第四，滑過灌木叢的風聲；第五，爸爸憂愁的漁網聲；第六，教堂的鐘聲；第七，島上佈滿星星的天空，我從未感受到天空如此的美；第八，我兒子的心跳聲。」詩人後來靜靜地聽著這些，不禁想起了許多往事來，它們不僅構成了詩人晚年的生活亮麗的風景，更是凸現了那個時代的淳樸，而這正是我們這個時代所欠缺的。

　　可以毫不誇張地說，這是一個悲喜交雜的故事。就如同書後附錄的聶魯達最著名的詩集《二十首情詩和一支絕望的歌》，而這正是小說的魅力所在，讓人無法忘懷的是，在這個世界上我們還有難以割捨的人情世故，儘管它們可能很庸俗，但卻飽含了人性的溫暖。

# 真是謙和的老人

我不是影迷，對電影界的事知道的不多。但黑澤明是例外，可以說是心儀已久的了，因為他的一些電影，看了個七七八八。不過，在拿到他的自傳《蛤蟆的油》時，我還以為是形容他的創作慾望什麼的，結果出乎我的意料，不是那麼回事。

「蛤蟆的油」，源自日本民間流傳的故事。外表醜陋而且多長了幾條腿的深山蛤蟆，被人抓到後放在鏡前或玻璃箱內，蛤蟆一看到自己醜陋不堪的外表，不禁嚇出一身油──「蛤蟆的油」是民間用來治療燒傷燙傷的珍貴藥材。

黑澤明晚年回首往事，自喻是只站在鏡前的蛤蟆，發現自己從前的種種不堪，嚇出了一身油。但他抱定「不要怕丟醜」的心態記下了這些事。一個晚上，把書看完了，鬆了一口氣，不是因為故事的緊張，而是敘述的平淡，而不乏機趣。時不時還會湧出一個念頭：嗨，黑澤明這傢伙很有趣呐。

黑澤明孩提時代自稱孱弱的「夜哭郎」，動不動就哭鼻子，那時有不少人覺得他是挺討厭的傢伙吧。不過，他後來癡迷於繪畫和電影，幸得哥哥的啟蒙而踏入電影界，又執導《羅生門》等影片而成為世界級的導演。凡此等等，黑澤明坦然直面過往的一切，比如他說年輕時，常常喝酒，甚至寫脾氣如何壞，諸如「我脾氣不好，經

常很暴躁」,「我很固執,固執得聽不進別人的意見」之類的句子有
不少,可見他對這個有清醒的意識的。事實上,壞脾氣固然導致了
《白癡》的失敗,卻也造就了《羅生門》、《七武士》、《亂》等一大
批電影的成功,因為不能堅持己見,就不能創新。在我看來,這正
是他的好玩之處。

　　黑澤明是個登山愛好者。閒暇時分,他時常去登山,「我好不容
易爬上了山頂。山頂的前面就是極目千里的廣闊天地和一條筆直的
大道。」寫這段話時,黑澤明剛剛升任日本 PCL 公司的正導演,他
的前途是不可限量的。「人生就是登山。」耐人尋味的是,黑澤明在
登上世界電影藝術的最高峰,他卻以羅生門做了一個比喻——門這
邊是小明(黑澤明小名),過了這個門才是黑澤明。他就像一個智者
和通人,在淡淡的敘述中讓眾人把他看的更清楚一些。

　　另外,在書的「寫在前面」,黑澤明介紹了自己對寫自傳的看法,
謙虛得不得了。一開始也有許多人勸他寫自傳,但他都敷衍以對,
因為「我並不覺得自己個人的事多麼有趣,值得把它寫出來」,「再
者,如果寫,那就全都是談電影的事。因為,從我身上減去電影,
我的人生大概就成了零」。後來,是有人提出要求,希望他寫寫自己,
盛情難卻,加上受了前輩大師讓・雷諾阿和約翰・福特的正反影響,
於是才有了該書面世的可能。黑澤明覺得,既然有不少人想知道我
是個什麼樣的人,那麼,寫寫這方面的東西也是該盡的義務了。真
是謙和的老人!為寫此書,黑澤明還找來很多老朋友,與他們促膝
長談,以喚起往昔的記憶,並向他們付出的辛勞致謝。這與時下的
藝人動不動就以江湖老大的姿態寫自傳相比,真是客氣得可以,那
種禮貌更不用說了。建議,藝人寫自傳時,不妨讀一讀這本《蛤蟆
的油》。

# 搖滾樂的聖者藍儂

　　作為一個搖滾樂的愛好者，自然是早就知道藍儂的大名。但是，那些印象是零散的，甚至還有許多語焉不詳的地方，這無妨對於他的熱愛。套用那句庸俗的話說，每個人都有自己心目中的約翰・藍儂。不過，只有在《藍儂回憶》這本書中的藍儂是如此的憤怒、兇悍。

　　藍儂是二十世紀最偉大的搖滾歌手及文化人物之一，披頭士樂隊的主唱及靈魂人物。因此，發生在他身上的事情就特別引人注目，至於披頭士樂隊如何成名、為何解散，小野洋子在藍儂的生命中佔據何等地位？諸如此類的問題，更是樂迷關注的，而作為外界的人儘管能說出個子丑寅卯來，但到底沒有親身的經驗來得真實，儘管它有可能失之於客觀。照藍儂看來，他們都是自然發生的，好像不需要特別的理由。

　　藍儂對樂隊的批評是嚴肅的，甚至有點苛刻。他披露的樂隊解散的真實情形，與保羅的說法大相徑庭，他放言「保羅的東西是垃圾」，對以往生活中的人幾乎都大放厥詞，但談到樂隊時，他又總是說他不記得樂隊以前的事的細節的時候，可以看出他內心的傷痕來。他對自己也是殘酷的，比如他數次拒絕揚・溫納的恭維，拒絕這樣那樣的光環，「操縱就是操縱，不用逃避。」這樣的場景總令人勾起點什麼，再反觀樂隊其他成員的一些談話，我們就可以瞭解那

段歷史是怎麼回事了，這對藍儂的粉絲來說，絲毫是無損藍儂的偉大的。

　　這是一份訪談，也是一份文獻。藍儂不僅給他們提供了很多鮮為人知的說法，在與揚・溫納的直截了當的對話中，他無時無刻不鋒芒畢露，甚至口無遮攔。這讓我們見識了更為真實的藍儂，在看書時，時不時冒出來，藍儂這傢伙太有意思了。這不是一本適合「窩在沙發裡蹺起腳來讀」的書，讀完一段，不免有種衝動，那時，我正在聽藍儂的音樂，感覺的到不只是激情，更有一種沉淪歲月的感慨了。當然沒有小野洋子的預言：「讀到一半，可能就會想往窗外跳」。這個時代總有太多的誘惑，以至於音樂跟著浮躁起來，如藍儂一樣的音樂，真是「夢已經結束」。

　　藍儂對和平的熱愛與對保守勢力的嘲諷，更使他成為了最受人們敬仰的公眾文化人物之一。1980 年 12 月 8 日，藍儂倒在一位狂熱歌迷的槍下，去世前甚至沒有機會留下任何遺言。也許正是因為這個緣故才使他成為眾多搖滾歌手中的聖者。就像約翰・藍儂曾說的那樣：「我們比耶穌更受歡迎。」可見，這聖者的名頭不是空穴來風的。

　　前一兩年，我曾參與一份人物報紙的工作，有朋友就像我推薦《藍儂回憶》，他說，多年以來，它的採訪模式一直是「文化人物專訪」的參考座標。拖外地的朋友找這本書而不得。現在，可以閱讀《藍儂回憶》了，那家報紙卻無疾而終，想來，自然是遺憾的事情了。如果早一點遇到會不會這樣？大概也只能說這也是說不準的事情吧。

　　在採訪的結尾，揚‧溫納問他：「你能想像一幅『當我 64 歲』的景象嗎？」藍儂說：「不，沒有辦法。希望我們（小野洋子）是一對和善的老伴，住在愛爾蘭海邊的小島之類的地方，翻閱我們一輩子胡鬧的剪貼簿。」藍儂沒有等到這一天就走了，不禁令人感歎，這也是一種遺憾了。

# 愛是一種姿態

　　喜劇泰斗島田洋七在日本挺紅火的，但這並不能說明《佐賀的超級阿嬤》一定好看，我看過的勵志類的書太多了，好像就是一個範本做下來的，好看歸好看，但沒多少意義在。所以，在看到書的介紹時，就先存了疑。

　　二鍋頭說，書絕對好看。我想不出理由反駁，儘管隨意都能找出 N 條，那就看看吧。超級阿嬤是島田洋七（本名德永昭廣）的外婆，在學校做清潔工的老太太，很平常的人物吧。說來，那是二戰後的事情，他在八歲時來到了外婆家，那日子，按我們的俗話說，是相依為命，有時沒晚飯吃了，外婆會說，睡一覺就好啦，菜是從河水裡撈上來的菜葉子，日子簡單而快活。

　　在今天看來，這有些不可想像。對於貧窮的概念我們好像也覺得沒必要提出似的，不是我們遠離了這樣的生活，實在是在忙於所謂的生計，無暇他顧了。九歲的昭廣在向外婆要錢而不得時，曾自言自語地說：「雖然我們家現在窮，以後有錢就好了。」外婆卻說：「什麼話？窮有兩種：窮得消沉和窮得開朗。我們家是窮得開朗。」這就是超級阿嬤，她知道日子是那樣，不管你如何面對，都不會有好的跡象，但也不能壞下去，所以，在昭廣考試不理想時，她會說：「不要緊，不要緊，1 分 2 分的，加起來，就有 5 分啦！」我問：「不

同科目的成績也能加在一起嗎？」這回，她表情認真、果斷地說：「人生就是總和力！」諸如此類的事，在我們看來，不過是小事一椿，但對一個孩子來說，影響卻是深遠的。

阿嬤在書中展現了逆境中的超凡智慧，所以成為許多人遭遇挫折後的心靈慰籍。她做的事，我們每個人都能做到的嘛。為什麼沒有去做，說明了什麼？確實我們該好好思考教育的問題了，不能僅僅去抱怨它的不是。

在看完書之後，我又跑去看電影版的超級阿嬤，一樣有趣，一樣充滿智慧，比如她的「家常警句」：「要帶著笑容，好好跟人打招呼。」、「晚上別提傷心事。難過的事留到白天再說，也就不算什麼了。」、「人到死都要懷抱夢想！沒實現也沒關係，畢竟只是夢想嘛。」諸如這樣的話很多，多少是令人難以想像的。

若是我們的外婆，大概不會這樣。不是她們無趣，不是缺乏智慧，而是缺少這樣的話語環境。這讓我想起了美國社會交換理論家霍曼斯的「飽享剝奪理論」。該理論認為，一個人愈是經常地接受一種特定的獎賞，那麼，這種獎賞的任何進一步給予對他來說就愈變得沒有價值。比如一個人吃巧克力，吃第一塊時覺得味道很好、很開心，吃到第五塊時就沒有什麼味道了。這個時候再繼續吃，美好的感覺就已經隨著巧克力數量的增多而越來越少。相比之下，貧窮的生活讓島田洋七充滿了渴望，也讓他學會了珍惜，大概這就是外婆生活態度中的教育智慧吧。

如果愛是一種姿勢的話，我想我們所展現的應該是最優美的姿勢那種。這樣的姿勢會讓我們覺得生活原來可以過得如此有趣。

# 遺失在旅行之外

　　遺失，對我們而言，無時無刻不在進行。記憶、歷史，它們轉眼之間就被我們忘記，遺忘總是比記憶長久，這當然不是我們足夠健忘，而是資訊的迅速膨脹，它們難以足夠長地保留下來，但幸好有文字，比如基蘭・德賽的《失落》，見證的不僅是遺產的失落，還有著更深層的失落──跟我們的內心深處有關，卡爾維諾將之形容為「尋找一個失去的未來」。

　　基蘭・德賽生長在印度，後來移居英國，回過頭來看故鄉，不能不說令她有許多的感慨。在喜馬拉雅山腳下，噶倫堡小鎮上的一座孤零零的破敗房子，一生受盡苦難的印度老法官就住在那裡，退休之後他只想與愛犬安度晚年。這個小鎮地處印度、尼泊爾、不丹、錫金和中國的邊境交界，干城章嘉雪山是映襯居民日常生活的遠景。回想起那些年在英國留學的年代，差不多是悲慘的，回到印度，他的優雅舉止沒有人認同，好像他是來自異鄉的怪物，連他的妻子都無法跟他說上更多的話，有時出去辦案，他說的話當事人聽不懂，當事人的話他也不明白，當然這其中摻雜著方言，或語音的歧異，就這樣一路走來，直到退休。可以說，他的一生，是集喜劇的柔和與政治的犀利於一身。

　　然而老法官的退休生活並不寧靜，失去雙親的十六歲的外孫女賽伊突然闖入進來。賽伊是個純潔無瑕的少女，癡情地愛上了自己

的數學老師——尼泊爾青年基恩。如果沒有動亂的話，他們應該過上幸福的生活。基恩是一名貧窮的青年知識份子，最終捲入尼泊爾的動亂（工作無著落，不得不革命），周圍的朋友都參與了進來，與賽伊的戀情處在風雨飄搖中。當然這跟他的印度籍尼泊爾人有關，還包含著現實中的不滿：在基恩看來，賽伊什麼都不懂得，而賽伊眼裡的基恩連工作都找不到，只能當家庭教師。這不僅是身份的差異，還有著種族之間的差異。

在小說中，還有一個差異則是跟隨老法官的廚子的兒子比居，他讓我想起美國詩人伊莉莎白・畢曉普的詩句：「是因為缺乏想像力才使我們離家／遠行，來到這個夢一樣的地方？」比居歷盡艱辛來到紐約，成了一個非法移民，在紐約的餐館裡打黑工，過著暗無天日的生活：餐館總有理由讓他們幹活，睡在廚房的地板上，收入不高，隨時都可以解僱他。像他這樣的人在美國哪怕混了很多年，依然是一無所有，而且到處遭到別人的歧視：「看哪，他們滿身的氣味，大蒜的味道。」比居常給他的廚子父親寫信，又不能說自己生活的不好，以至於廚子常常對別人說：「總有一天我也要到美國去。」廚子成了有能力、有身份的人（其實他仍是廚子的身份）。最後，比居決定返回祖國，但一踏上國土，他就重新陷入絕望的處境：現實的生活場景讓他無比的失望：動亂、貧窮、困惑、迷茫……。

這不再是一出寓言，而是現實的場景。基蘭・德賽將故事放在喜馬拉雅山腳下，是因為那裡不僅聚集著各種族群，他們的語言、習慣，乃至於生活方式等等，都存在著差異，更為主要的是這些日常的衝突在和平的年代自然是相安無事，一到動亂的年代，哪怕是理性的人也都會「激情燃燒」起來，成為恐怖主義。這跟多元文化

主義、經濟不平等、全球化相關，基蘭・德賽把它們糅合在一起，構成一幅偉大的場景，同時將深層的思考根植於這裡：到底人類社會該去向哪裡，失落的又是什麼，這不能簡單地歸結於歷史的結果，或社會發展所導致的。

《失落》的整個故事穿梭於第一世界與第三世界之間，描繪出放逐的苦難和後殖民主義時代的兩難。基蘭・德賽 2006 年憑藉這本小說獲得布克獎。她之所以得獎是因為獨特的視覺：她越來越意識到自己與英美的諸多事物格格不入，總是用一種「非常不西方，非常印度化的視角」在看世界。在書的前面有著博爾赫斯的一首詩——《寧靜的自得》，其中一句說道：「我款款而行，有如來自遠方而不存到達希望的人」。事實上，在漫長的旅程當中，旅行者的失落是難免的，因為每個人的心靈還都屬於孤兒時代。

# 被放逐的生活

　　也許是時下的生活過於繁雜，總是有著千頭萬緒需要處理，因此人人嚮往最簡樸的生活方式。但這不是想做就做的到的。不過，在勒‧克萊基奧的處女作《訴訟筆錄》中，流浪漢亞當‧波洛的生活可真不好給它定義，其原因就在於他所選擇的生活異於以往的流浪漢，更與時下的簡樸生活有違。

　　不難想像，沒有人樂意像亞當一樣，選擇一個幾近廢棄的房子，過著幾近動物式的生活，屢屢觸犯文明的倫理底線，最終在一場極其偏激的街頭宣講後，被關進瘋人院。這正是亞當被當作瘋子的理由之一，但從他的言行之中，可以注意到他的教養和知識是淵博的。但若根據這個理由來判斷亞當的反叛文明精神可能失之於簡單。

　　眾所周知，現代社會是一個消費主義社會。傳統消費是基於日常需要，消費主義基於心理慾望。而亞當的行為是趨於原始化的，除了日常需要的物品如食物、飲料之外，他別無所求，日復一日，無所事事地曬太陽，或者跟隨一隻狗溜達。在這樣的生活之中他是不是自得其樂並不重要，重要的是他的行為本身，以近乎自我犧牲的方式去抵抗文明的虛偽與壓抑，並構成了對文明社會的反叛。

　　誠然，勒‧克萊基奧的意圖不僅僅是在這裡的。他在反思一個文明社會對個人的傷害，或者說，讓人們忘記了生活本身，很多虛

榮繁華的東西將它掩蓋，直至有一天我們看著太陽醒來，發現文明社會的破壞讓我們的生活，乃至於行為都變得極為荒誕起來，這恰如亞當這樣的瘋人才掌握了生活真理一樣：「當道德是形式的，它吞噬著人」。另外，小說還時常插入對死亡的描述，同樣令人印象深刻，如「佔據物質、灰燼、卵石的中心，漸漸地化為一尊雕塑」，「消亡在礦物的凍結之中」，這可能出於亞當對文明本身的恐懼。羅斯福則說，「唯一恐懼的就是恐懼本身。」這也說明了人類是生存在悖論的密林之中的。

著名法國文學專家柳鳴九將這本小說稱之為「驚世駭俗」的小說，其原因在於亞當這個流浪漢的獨特形象。不過，若從克萊基奧寫作的年景來看，這部小說更像一個寓意，一種啟示。小說所揭示的流浪漢跟我們在大街上遇到的顯然有著天壤之別，或者更恰當地說，我們見到的更多的是實質上的流浪漢，亞當所代表的是精神上的，兩者最終都難免被當作瘋人送進瘋人院去。而在美國作家肯‧克西的《飛越瘋人院》，固然是美國式的社會形態的描摹，卻有著深刻的現實涵義。

事實上，後結構主義理論家福柯在他的著作《癲狂與文明──理性時代的精神病史》中提出：「現代精神病院是文明社會的重要權力機構。」瘋人院在福柯的書中，預示著關於現代文明社會的經典寓言。那麼，亞當‧波洛的放逐生活所展現出來的正是這樣的一種反思，令人警醒。

# 狂狷的人生無須解釋

對於狂狷，我們熟悉的人很少，其原因很多，概括來說就是：一是需要本錢，二是要付代價。兩者都具備了，才能狂狷到底，如李敖。其實，孔子對狂狷早有論述。他說：「不得中行而與之，必也狂狷乎？狂者進取，狷者有所不為也。」在孔子的心目中，中庸是最好的，狂狷是逼出來的。其實這話也不完全對，有時狂狷更是一個人的性情表達。但在草玄的《狂狷上不了天堂》中，揭示了一個真理：一個社會，狂狷多了肯定不是好事；但如果沒有狂狷也未必就是好事。

《狂狷上不了天堂》是由歷史上的七個狂狷人物組成，他們的時代不同，但所走的路基本上是一致的。蘇小小也罷，曹植、阮籍也罷，即便是李白、王實甫、唐伯虎，都一樣的狂人，在他們的時代，他們所代表的是非主流，但其影響力很大，但因為言語狂，行為狷，就有了個不完美的結局：

錢塘江畔的青樓女子，愛上了勢可傾國的相國公子，無奈歡情如流水，面對阮郎似錦前程，癡情女子蘇小小，香魂一縷葬逝於西泠湖邊，現實裡的作家「我」，則與妓女蘇大大各取所需，分別出賣著靈魂和肉體；一千二百四十年前的某個深夜，穿越時空的「我」，見證了潦倒落泊的詩聖李白的騎鯨仙去，及歷史縫隙裡那些不為人

知的秘密；恃才傲物的風流解元唐伯虎，以肉換肉的傳奇妓女素素，微服私訪尋夢的皇帝朱壽，權勢物慾與清心寡慾對峙，所謂的繁華富貴不過是過眼雲煙；曹植之死背後錯綜複雜的隱情，與撲朔迷離的現代偵探故事相互交織；放浪形骸的「竹林七賢」之阮籍，則與黑白顛倒文革期間，命運多歧的教書匠「我」，有著相似的人生軌跡。

愛情、生活、理想，這些看似再簡單不過的內容卻構成了狂狷人生的不同組曲，蘇小小的愛情自不必說，李白的生活似仙非仙，卻有著不一樣的苦衷。如果給狂狷一個選擇，是不是還走上這條路，答案是不得而知的。而魏忠賢的發跡史也與眾不同，開始只是想活命進宮做太監，隨後身不由己加入鬥爭之中，但很快在鬥爭中失敗了。其實，說這是個人的失敗，倒不如說是給狂狷的人一個注解。

在每個故事中，均是時空交錯，古代、現代，源頭、注解。但草玄不限於此，更為重要的是在這看似紛繁的歷史中，卻有著對狂狷的思考。不過，狂者難能，狷者可貴，這七個人根本不在乎上天堂還是下地獄，他們在乎的是「適意」，也就是活得爽不爽。若這成了一種生活標準的話，那麼來解釋人生的話，大概會陷入到一個悖論之中，我們沒有了「適意」該當如何對待生活。

固然，這樣嚴肅的話題不是草玄所探討的，這讓我想起了和「適意」相接近的一個詞：底線。簡單地說，適意的最低標準就是底線，而底線在我們現實生活之中無處不在的，但它到底是怎麼樣的一條線，是不是解決了溫飽問題就成了？很顯然不是，除此之外，人還有慾望、生活、理想等等內容需求，因而，一個人在不同的時期不同的境遇下，底線是不同的。不過，我們也不難發現，人類的進步，

不正是讓曾經苦苦追求的理想一次次成為現實中的底線，並由此步步為營，接近更廣闊、更真實的自由與幸福麼？

　　如果說底線是一種理想，狂狷就是一種生活方式，這樣的生活是無須解釋的。

# 民間的，草根的

我們對當下的生活總是不那麼滿意，不免常常問自己，生活在哪個時代最好。唐宋時代怕是最多的選擇，秦漢時期到底落伍了些，不選擇也罷。晉朝，恐怕是再好不過的了。想一想竹林七賢那種生活狀態，實在是夠好。在閱讀押沙龍的《出軌的王朝》時，不免令人更加懷念那個時代了。

現在閱讀界流行「歷史熱」，不是閱史可以知世，而是大話、戲說它們，靠譜不靠譜都沒多少干係，歷史，畢竟是被人們打扮的小娘子而已。但押沙龍同樣說歷史，不搞這些名堂，儘管這樣更能取悅讀者。毫無疑問的是，他對歷史懷有某種責任感。晉朝是怎麼回事，他從不同側面做瞭解讀，而這有利於看清歷史的真相，儘管這種真相可能距離真實的歷史遠了些，也未必客觀，卻是值得稱道的。

晉朝，是一個怪異而個性張揚的時代，也流行自由主義，知識份子（士族）生活得足夠好，但也足夠腐敗，生活上鬥富，思想上談玄。這些現象跟今天的中國知識份子相類似，看他們的所作所為，簡直不是一個不明白可以了斷的，這可「就像一場氣勢磅礴的戲劇，按照自己的邏輯一幕又一幕地演出。舞臺上的人物紛紜變化，但骨子裡的底色依舊一脈相承」。所以，押沙龍在看這段歷史時，不但是古今對比，更有東西方歷史的橫跨，如此才能明瞭歷史的本來面目。

比如對於淝水之戰，歷史書告訴我們說，這是以少勝多的戰例，但從當時的交戰雙方的兵力分析，如果前秦真是投入百萬大軍，東晉是要亡國的。這些微觀分析，讓我們看到，歷史除了主流說之外，我們也要用目光打量推動中的潛流，也許正是它們推動了朝代的更替。

與其說關注歷史主要是關注政治，我更趨向於那時的百姓的生活方式，我們的歷史學家好像對這些都沒興趣似的，只看見朝代更換，卻看不到私人的生活場景，更寫不出《私人生活的變革》來。押沙龍專門列了「如何過日子是更重要的問題」，來觀察他們的日常生活，儘管他們是沉默的大多數，也是被遺忘的大多數，在豐富和有趣上遠比士族鬥富有意思的多。為此，在網上不少人士探討歷史上的朝代的幸福感，沒有哪個說得上夠幸福的，畢竟每個時代都有它的現實場景，而我們更多的人在看待它們時，忽略了現實場景，就會得出一個比較幸福的時代來。

每當歷史處在轉型期，都會是一個駁雜而神秘的時代。我們看待歷史，不能僅僅局限於一般性的描述，要通過具體而微的探察，才能明白那個時代的歡樂、痛苦和無奈。押沙龍對晉朝的書寫，是民間的，也是草根的，更是有趣的。這種有趣歸結於他對那段歷史的獨特視覺，如他對皇帝權力的解析，在我看來，正如許多學者所說的那樣：皇帝的權力是相當有限，古代中國大部分時間很可能都是一個民間百姓自給自足、自娛自樂的時代。

# 被遺忘的國學大師身影

1949 年，在中國歷史中不管是政治上，還是思想文化上，都是一個分界點。在大陸一面，國學享受臭老九的待遇，被一再打壓，連孔夫子都難以逃脫被批判的命運。在臺灣，國學雖然不是繁榮的景象，但因有人堅持，好歹保存了一絲血脈。這血脈不僅反映在文化傳承中，也有人才輩出的因由。在周為筠的《在臺灣國學大師的1949》中，我們可以看到他們的身影。

多年以來，在我的印象中，國學大師不管國學水平如何，只要活得夠長久，只要有點兒技術水平，都可以算上大師的人物了。特別是近年，到處都是大師，使大師有貶值的傾向。而在臺灣，不管是胡適、傅斯年，還是陳鼓應、徐復觀，還是南懷瑾、方東美，都堪稱一代宗師。這不是因為他們有多少創見，而是他們的文化傳承上即是國學一路，熟悉古代經典就不說了，解讀經典的能力是不是國學大師最好的注解。

說來，這些國學大師身前身後的文字不在少數，他們的故事雖然看上去相差無幾，事實上，在看這本書之前，不免擔心，是不是在書中少了新發現，如此看法毫不為過，畢竟現在的談民國人物甚多，是不是能吸引人，就是看料夠不夠多，夠不夠好。這些國學大師的日常生活無非是讀書做學問耳，但這亦是大有學問的所在。但

能得其中的精妙，也是殊為難得的事。無他。是需在平凡處看出驚人的所在來。

在臺灣，國學已蔚然成風，如錢穆的弟子余英時成了大陸無人能及的學界翹楚，徐復觀、牟宗三的弟子杜維明是享譽世界的新儒家第三代，方東美的弟子傅佩榮作品在大陸影響甚巨，牟宗三的弟子王財貴在兩岸推行「讀經運動」，靠學習陳鼓應書的于丹掀起一股「莊子熱」。而在近幾年，國內也掀起了國學熱，2005 年中國人民大學正式宣佈成立「國學研究院」，接著武漢大學、復旦大學各個大學紛紛開設國學班，甚至還有少兒讀經運動。

但這與傳承傳統文化無關。國學的熱衷者更多的是看重由此帶來的名利雙收。事實上，國內的學者現在提倡的「國學」，所著眼的卻是韓國文化、歐美文化在中國到處可見，並視其為洪水猛獸，這跟西學東漸時的態度是一致的。那麼，外來文化的到來是不是壞事？成都著名文化人流沙河在最近的一次中指出，文化是普適的，外來文化不是文化侵略。只有這種視野看待外來文化與國學，才能更好地傳播文化。

在這樣的「國學」熱中，我們應該看到，如今無論大眾話語還是學界中重提的「國學」，既有著深刻的文化背景，也體現了當代中國的複雜的時代性格。尤其是這個時代性格，這種性格很難描述，既有百年屈辱下深刻的自省，又有經濟騰飛帶來的驕傲；既有面對現實問題時束手無策的窘困，又有擬訂目標時的浪漫；既有實用主義的小聰明，又有缺少時代眼光的大思維。這種時代性格對國學的傷害將是長期而根本的。這就是「國學」現在面臨的困境。

　　但從在臺灣的國學大師的風流餘韻中，我們不難看出，國學從根本上講它所反映的是人的和諧生活，是一種處世的積極態度，它是包容並融合外來文化的。他們是被遺忘的國學大師，但他們的身影則告訴我們：文化沒有兩岸。這正如周為筠在序言中所說的那樣：國家認同的前提是文化認同，只有通過共用一個世代更迭的共同文化，我們才分明感覺到血濃於水。一個人可以通過整容把自己變得與同胞大不相同，卻無法剔除血脈中的文化 DNA 鏈條。

# 一個時代的幽光

　　現在，關於民國的書多了起來，每年都要讀到一些。這是好事，且不管歷史上的民國時期是不是一個最好的時代。但毫無疑問的是，民國時代是近百年中國歷史上最為自由、最輝煌的時代，因此才有章太炎、魯迅、胡適、傅斯年、陳獨秀、黃侃、蘇曼殊、周作人等。新派與舊派，革新與保皇，都交織在一個時代，誰看誰都不順眼，但這無妨他們相處在一個大學、一個城市。無他，多少他們還是有些寬容地看待這一切的。

　　孫郁的《在民國》展現給我們的，就是這樣一個駁雜的世界。說起來，最令人動容的不再是革命派所發起的運動，而是文人雅士的日常生活，瑣碎，有力，猶如一個時代的幽光，時而指引著我們的生活，比如《語絲內外》給我們的印象不是《新青年》的劍拔弩張，「它通篇是自由的噴吐，有高智慧的散發，情趣與境界，都深掩著個性的創造潛能。魯迅的幽深苛刻，周作人的雅致從容，江紹原的執著和朗然，錢玄同的奇氣，都不同於以往的文本。隨隨便便，任情為之，又不失慈悲之心，在當時而言，確如一縷新風，從文壇蕩開去，知識份子在學問之外，還能以如此灑脫之筆，道古往今來，敘人間得失，那就將古板的文壇，變得活潑和生動了。」而這，總比大家見了要打一架的要美好的多。

　　這裡不僅有有趣的故事，還有對故人的懷念，比如世紀老人張中行，給我的印象，就是一個十分可愛的老頭兒，冬天的太陽下，有一搭沒一搭的閒聊，無關宏旨，也不講究事情的倫理，說到哪兒是哪兒。季羨林說，張中行乃至人、逸人、超人。而在孫郁的眼裡，大約也是這樣的人了，甚至遠遠超出了這個，就是因為他有可愛的一面。

　　作為魯迅研究專家的孫郁，談到民國，說到學林大家，文人古風，當然是不能不說魯迅的。畢竟魯迅像一座山一樣橫在後輩的面前，無論如何是都繞不過去的。魯迅固然偉大，但也不過是一百姓耳，沒有必要神化的。但在近年談起魯迅常常是神而化之，似乎這樣以來，他就非比尋常了。專家的這種心情是可以理解的。在孫郁的眼裡，恐怕也是難以逃脫這樣的影響，魯迅時而「狂士」，時而「夜梟」，事實上，這樣的印象不過是魯迅的一個側面，我們常常要表達他的憤怒，但因此忽略了他溫情的一面，不管如何，我以為這都是不符合魯迅精神的完美表述。

　　在現代文學場景裡，民國的概念一直是是非不斷、爭議四起的，哪怕反映在文學上，也是充滿了誤解的。比如魯迅和胡適之爭，在研究中也形成了各自的派別，甚至會某一個觀點而大打嘴仗，好像不這樣就無法知曉他們兩個的差異似的。不過，今天，作為後輩的我們來看那個時代，更應該跳出來，如此才能更清楚地打望，才能看明白，在民國，一個不好不壞的年代，對今天造成的影響，絕不是「民主」和「科學」兩個詞所能解決得了的。

# 與動物親密接觸

　　動物的世界對我們而言，似乎永遠存在著一種陌生感。從《山海經》到後來的博物學家，再到蒲松齡，無不對動物世界津津樂道。在那裡，我們看到的一個與人類迥異的時空。在徐來的《想像中的動物》中，依稀可見對這個世界的描述。

　　也許是人類的繁衍讓動物的種類日趨減少，因此，像德鳥、畢方、周留、油蜘蛛、冷龍、丹鳥等，我們只能從文獻中去查找它們的身影，而在遠古時代的動物，不管是禽類、鱗類，還是獸類、蟲類，都似乎通靈似的。比如背叛者白澤。牠博學多聞，對世界上的各種動物瞭若指掌。凡是各種採天地靈氣，集日月精華而產生的怪異物種，牠都一一跟黃帝解釋清楚，前後一共談到 1520 個物種。在他們繪製了各種怪獸的圖樣之後，卻沒有白澤的具體情況。由此演繹出的故事似乎是不言而喻的，但又是令人沉迷的。

　　張大春曾說，神話、歷史、現實、科學、哲思、夢境、妄想和謊言等一切可以用語符載錄的文本糅製成一個元氣淋漓、恢宏壯闊的整體；既不憂心結構是不是完整勻稱，也不顧忌情節是不是挾沙跑馬，既不操煩事件是不是切近經驗法則，也不畏懼角色是不是反應真實人性。但凡知識的可能性在哪裡，小說的領域就開展到哪裡。而在《想像中的動物》中，動物不再只是傳說或神話的一部分，而是穿透了歷史的迷霧，成為現實中的映照。

　　不過，在徐來看來，這些奇異的動物各有不同，幸好人類還沒失掉想像力，所以對它們還有不同的想像，而這構成了小說的主幹。每個動物在牠的世界裡，都有著自己的個性，或好或壞的表現，使牠們走向了不同的命運。但毫無例外的是，牠們最終消失掉了，這是不是人類的一種普遍思維使然。

　　與其說這是一本小說，倒不如說是一本博物學家的筆記更為恰當。同時，也讓小說生發出無限的魅力來，不誇張，不矯情，似乎有些八卦，輕逸，但又玄妙動人，比如這麼一段：

> 「數字三的神聖性不容質疑。敢於侵犯這一數字的事物都必定受到相應的責罰。三件善事中的最後一件，必定帶來不詳的後果；三件惡事的最後一件，則往往種下善因。三位智者並肩而行，其中一位就會惹上殺身之禍。一支稻稈上結出兩個穗子叫嘉禾，長出三個叫僑禾，預示著皇帝的死亡。一隻動物長出兩隻腳則歸於鳥類，長四隻腳歸於獸類，長三隻腳的則受到詛咒。」

　　很顯然，這樣的有趣內容更能增加小說的力度，或者說，正是由於這些因由，讓小說不再僅僅流於小說的形式。無疑，徐來想像中的動物，儘管它們形態各異，卻有一個共同點：物種傳奇，它們可能都是假的，但也有可能曾生活在這個世界上。這都無關緊要，要緊的是徐來把古今中外的想像都雜糅在一起，構成了一個奇妙的世界，在那裡，我們所能回憶的就是，曾生活的未必還會重來。

　　這自然是一個駁論。對於今天的我們來說，不曾親眼看見這些動物的傳奇之處，就只好在想像中與它們親密接觸。

# 神聊

　　作為經常讀書看報的知識份子，可能不太留意一些無趣的文字，但連岳的專欄，似乎是必讀的，男男女女，有不少他的粉絲。從《南方週末》到《外灘畫報》，從《21 世紀經濟報導》到《上海一周》，不知道看了多少。後來，就看他的部落格，按作家沈勝衣的「心水」說法，連岳即是了。

　　關於廈門，我的印象最深的就是兩個寫字的人：專欄作家連岳和小說作家須一瓜，他們一男一女，好似雙劍合璧，把個文壇弄得風生水起不說，見了他們的名字，都是要讓人忍不住多看幾眼的，這樣似乎很誇張，但實則是他們的文字太迷人了之故——扯遠了。

　　最近，中國友誼出版公司推出了連岳的隨筆集《神了》。這是關於《聖經》的隨筆集。書中充滿了反諷和幽默，看似無關的故事，卻充分體現出了人文關懷。老實說，他在書中舉的那些例子。同樣不知道看了多少次，但總覺得那不過是一則故事而已，沒有什麼新奇的。在看《神了》時，才恍然明白，《聖經》的偉大是來源於它的不經意的深刻，如果隨意的閱讀，可能就放過了美妙的故事。

　　其實，連岳的這些專欄文章是早在報紙上讀過的，那時只不過覺得這些故事極其有趣。比如〈遠離試探〉中講：「人類對苦難，好像頗嚮往，常掛在嘴邊的一句話是『患難見真情』，堅信在自己落魄

之時伸出援手的，才是真朋友。其實我覺得，沒有幾個人是經得起『患難』的，把自己搞破產，朋友不借錢也是情理之中的事情，沒有什麼好怪的；而我們自己，想想又能經得起幾個嚴酷的折磨呢？」

　　在網上看到介紹說，連岳借《聖經》為支點，以人類社會始終存在著的「自然宗教情結」（像愛因斯坦說的，是一種對星空及自然之美的讚歎與感激）作為梳理工具，切入人文、社會、心靈等議題。而在我看來，連岳的文字是通過這種方式來表達他內心的激情。

# 少年的冒險

　　少年時代，總是充滿各種傳奇的想法的，好玩，有趣不自覺地成為了他們的生活的一部分，而冒險正是這個年齡段的特點。彭緒洛最近出版了他的長篇兒童小說《少年冒險王》系列，可以說是展現了少年經歷的更有趣一面的同時，小說的豐富想像，都使小說充滿了張力。

　　我看兒童小說不多，大抵是因為過了讀兒童小說的年紀，但這幾部小說讀來卻饒有趣味，不說教不令人感到枯燥乏味。小說寫的是四個喜歡探險的少年：聰明吳、小機靈、香蕉熊、水桶妹，他們對於未知世界充滿了好奇的想法。他們在神農架或長白山探險，追尋地下矮人王國，或孤島歷險生還，這樣的冒險使他們的少年生活更為豐富的同時，也明白些人生道理，這些直接的經驗比書本上得到的要真實的多，深刻的多，對一個人的今後生活的影響是深遠的。

　　相比較而言，在我的少年時代，就不是這個樣子的。懵懂的少年，因為身處平原，就沒有什麼冒險可言，所以，少年時代被無限地拉長，直到中學以後還懂得不是很多知識，以至於與別人交流時，常常因為自己的知識而自卑，感到緊張不安。現在就不一樣了，少年大都可以利用資訊，對外部世界逐漸知己知彼後，就會自然地對自己的要求做出調整，面對外面的世界，就不再緊張。但基於這個

時代的變化，資訊的發達，舒適的生活學習環境，反而使為人稱道的冒險精神往往是缺失的。因此，提出少年有冒險精神是必須的。

事實上，小說儘管是以驚險，刺激、有趣、知識性為主題，帶點夢幻色彩，甚至帶有誇大的成分，比如在野人區他們遇到了許多危險；在孤島上他們四個少年遇到了可怕的動物以及陷阱，遭遇了動物的攻擊，然後發現了一個山洞。但很顯然作者是不滿足這些的，而是通過「幾位小朋友的經歷，培養讀者朋友們獨立生活、獨立思考的能力，增長見識，在困難面前不退縮，勇於挑戰的品質。通過青春向上的探險小說，來展現當代中學生的精神風貌和優良的思想素質。」簡單了說，就是少年時代的應該具備的團隊合作精神，以及處理人與人、人與自然的關係。作為現代社會意義上的個人，這些素質是基礎，是以後人生成長的必須。

臺灣哲學大家傅佩榮在談到人生時說，如果「現在」是指當下或眼前正在努力的事，那麼「未來」所標示的就是方向感。成功的人生不能沒有以下四種「感」，這就是：方向感、節奏感、流暢感、超越感。有目標才有方向；節奏是指人生遭遇之順與逆，形同樂曲之抑揚；流暢則是隨遇而安與自得其樂，使自己動靜皆在掌握之中，從容不迫地活在當下；至於超越，則是由於智慧通達而不再執著，可以從珍惜自我、開發自我、成就自我，一路抵達放開自我的境界。小說中的聰明吳、小機靈、香蕉熊與水桶妹做到了這些，因此，即使是遇到再大的困難，也總能找出一個解決問題的方法。而這正是小說給予讀者的啟示。

# 帶著村莊上路

「我羨慕那些在鄉下長大的人，不管生命到了何種地步，他都有值得回憶的城堡。」——在戴新偉的複述之中的安鎮就是這樣的：良田，綠樹，雞飛狗吠，放鴨子，炊煙繚繞，都氤氳在一派川西壩子裡。於是，我們在《水紅色少年》這本書裡，看到安鎮在平靜中誕生，最後又消失在迷濛之中。只有人在長大，離開，把記憶帶著上路。可以說，這本書實在應該是一個人與村莊的告別，驀然回首，它依然是那麼美好。

這種告別細膩而溫柔。村莊的物事，每一個人，一條狗，一棵（柳）樹，一片曬穀場，都有自己的名字、個性和故事。在這兒，我們讀到了安鎮的平和，它令人驚悸而不乏溫柔的敘事，讓我感到驚訝，比如「『今晚有場電影……』我懷疑這個消息是隨著抽穗的麥浪傳遞到一個又一個村莊的」，「在那個平淡無奇的下午，我想和螞蟻相擁，在我們的身邊，是一隻發酵的饅頭，名字叫孤獨。在那個下午我想結識全世界的螞蟻，向它們打聽各自的故事」……。

在我和戴新偉的這些年，一直知道他在努力地寫作，但在說起這事時，他總會微笑著說莫得，用成都話來說，就是「陰悄悄」地整，現在，我們看到了他的這本《水紅色少年》中，依稀見到他當年的光影。

　　人總是被記憶糾纏。而童年因為生命力最蓬勃、觀察最敏銳、心靈最純潔，留下的記憶也最鮮亮明徹。應該說，童年的目光有一種直指物事核心的透視力度，而成年的一切經驗都只是童年記憶的延續。所以，在讀到戴新偉的這些文字時，恍然又走進了安鎮，那不僅只是屬於戴新偉的安鎮，也是 1970 年代在農村裡出生的人的安鎮。至於童年的記憶裡，細節是否真實，已經不再重要，要緊的是它已經出現了我們人生的感情模式、價值取向和道德判斷。正是由於這些，才讓童年的回憶溫馨而多彩。無疑，在戴新偉的記憶的深處，童年是溫暖而溫潤的，所以他的村莊也彌漫著一種寬厚、一種親情，在不經意間會從歲月的隧道中滑去。

　　說實在話，我很喜歡戴新偉這種淡若清水的敘事。這讓我想起了畫家所說的白描，有一種透明的質感和張力。在這樣的敘述中，我們重新回到了安鎮，在這裡詩意地生活，就像《水紅色少年》中所說的那樣：我漸漸覺得那是我的現實。陳年的事蹟並非出於懷舊的需要，自小我就是被敘述折磨的人，在潛在的讀者的注視下不得不以內省收場，這已經是多麼久遠的事情了，我可以緩慢地表達那些魔法消失的事物，它們本身的品質吸引著我。氣味、顏色、光線、聲響，如此種種，或者其中之一，我不想在它們拜訪我時，提醒我說，你幾乎失去了全部。從這個意義上說，我們是帶著村莊上路的。

# 書林漫步

　　讀讀書，寫書話，不少人來說，這似乎是神仙的日子。畢竟人生一輩子還是有點理想的話，大概都樂意過這樣的生活。但現實狀況又千差萬別，即使是有條件這樣，但也未必有心情去做。但我知道，有很多朋友正是過這樣的生活，簡單、樸素，甚至還隱含一種自在，但絕不是矯情。

　　在網路上見識了這樣的人更多。大概是在 2005 年，無意間闖進了阿澄的部落格。寫書記事都很有味道，我曾在一篇文字中說，讀書人都知道，書比愛人忠心、比親人有趣、比煙酒或樂透深邃。所以，愛書人對書的情感是複雜的。不過，通過仔細的閱讀就能體味出來的。「淘得的書不是什麼孤本秘笈，但也愛不釋手，閒暇之際，展卷細讀，那滋味如飲美酒，如食乳酪，如登高樓。」這種境界是愛書人才具有的。

　　阿澄任《泰山週刊》主編，閒暇之餘不但買書、藏書，而且寫書。《秋緣齋書事》、《秋緣齋書事續編》均可見其淘書的風情，他過的可謂是書林書齋的生活。類似的書還有彭國梁的《書蟲日記》、子聰的《開卷閒話》等等。有段時間我也想跟著記錄下這些點滴小事，但堅持不了幾天就放棄了，沒有恒心是其一，自己的日子過得散漫可能是主要原因的吧。哪兒像阿澄那樣，愛書愛到骨子裡去，淘到

一冊好書，都忍不住一一記下來。所以，只好看他們的書了事，有人說這是藏拙，實在是自己對書的知識淺薄的很，生怕一不小心露了底。

雖然一直沒跟阿瀅相見，但多次看到他的照片，胖而心寬的狀態，十足令人羨慕。每每看到他淘書的記事，都不免猜想，那是怎麼樣的一個樣子。但這都沒有關係，重要的是每次淘書都不是空手而歸，那就夠了。

阿瀅的《秋緣齋書事續編》最近出版了。記錄的依然是書人書事，而且跟上一本相比，內容大有變化，具體的書記錄的少了些，更側重的是書友往來。這裡不能不提他主持的《泰山書院》，徐明祥說，（他）請老詩人流沙河題寫了刊名，約全國各地的讀書人寫稿，一時間名家雲集，群英薈萃，煞是熱鬧。但創刊號和第二期出版相距近一年的時間，由此也可見辦民間刊物的不易。阿瀅在第二期的編後記中說，民刊生存的空間實在太小，困擾民刊發展的主要因素是辦刊經費問題，除了幾份有強大的經濟後盾支持的民刊外，大都難以為繼，沒有持久的資金注入是民刊不斷夭折的主要原因。幸運的是《泰山書院》得到了各地書友的支持……。

在《秋緣齋書事續編》的自序中，阿瀅說，這是 2006 年的記述，每部書事都是經過了三百六十五個日夜的書香浸淫。其中亦凝聚著各地師友的關愛和鼓勵，與單純的文學創作不同，這部書事不僅僅是我個人的勞動成果，其實是我與師友們共同完成的。可見一本書的完成是多麼的不容易，而不完全是阿瀅的客套話。

但值得一說的是，現在出這樣的讀書記事的書，市場空間小不說，而出版社也不十分樂意出，除非是大家名家才成。因此，在新

書出版之時，阿澄專門寫了個啟事，其中有句云：《秋緣齋書事》出版後，除了與各地書友的交流外，還有許多各地的索書者，總共寄出七百餘冊，造成了很大的經濟壓力，且有些書寄出後便再無音訊。因此，本書除了贈送有往來的相關書友外，其他讀者實在無力贈送，有需要者，可以訂購。一時在網上引起熱議。北京作家劉德水說，付費啊！這是對兄勞動的尊重！——希望大家理解阿澄的難言苦衷！書生，不是不吃飯的。

　　確是這樣，一本書的出版是艱辛的。時常能在部落格中看到阿澄兄漫步書林，分享淘書、閱讀的興味，也是一種享受了。

# 復還的喜悅

　　安靜的午後，最想做的事恐怕就是讀一卷書的了。於是，照古代小資的做法，焚香一柱，煎茶半盞，於窗下聽風讀之。當然，此時最樂意讀的就是一些隨筆短章，看著既不會太累，又會讀出有意思的句子來。在看我喜歡的谷林先生新作《書簡三疊》（山東畫報出版社）時，就好像坐在那裡，淡淡地對談，不激烈，卻有無限的趣味在了，有久違的喜悅。更為難得的是，不僅有為文之道，還有交友之道和做人之道。

　　在書中，收有他致楊之水、止庵、沈勝衣的書簡一百四十五封，讀來讀去的居然花費了兩天時間，大抵是因為有些話值得玩味，看過一次，回頭再讀，就明白了它的深意，看似不經心的話卻包含了這樣的含義，驚喜自然是少不了的。於是，不免想像他寫信的情形，總似乎看見他笑咪咪的，說著話，但對一些關節問題總有著清醒的認識和智慧之光。這樣的老人真是難得，彷彿又見知堂的文章了一般。不久在網上見沈勝衣談與谷林先生的會面，正如我所想像的一般，不由得欣喜不已。

　　雖然我並沒有見過谷林先生，但在書中已領略了他的丰采，之前他的幾種書我都有收藏。我想，無論是在《情趣‧知識‧襟懷》，是在《書邊雜寫》或《淡墨痕》中，他所展現給我們的是美不勝收

的精彩和韻味，無論評書還是掌故，都是在讀書之餘智慧的結晶了。
而在書簡中，俯拾即是的珠璣自然不會少。他談尋書、讀書，或者
查找字句，讀來都很有趣，也見他對做學問（他一定不會同意「做
學問」三個字）的一絲不苟。有時他也不忘俏皮地說幾句，比如在
給楊之水的第十三信中說，「現在因不出門，見新書甚少，大概又偏
食，好些書勉強讀完，常有甘蔗越嚼越乏味之感，更無意談它了。」
可見他對讀不到好書的無奈了。第四十一信中，說了燒餅漲價而縮
小之無奈之後，又說，「如果書刊一律歡迎糾謬，每一錯字一經指出
即付酬一角，定能推動我每天多讀幾頁，以博燒餅之資矣。」不禁
莞爾。他在給沈勝衣的信中更是用「想要擁抱你，親親你」的話來
形容兩人的通信，怕是不熟悉的人很難理解這種近似於誇張的表達
的吧。

　　止庵說，谷林所面對的，是已成為一種時代病的無所不在的粗
糙；在這樣的氛圍中，他的精美幾乎成為絕無僅有的了，他彷彿是
作為文化的值守而出現的。確實，在今天這樣駁雜的資訊時代能讀
到這樣的雋永的書簡，豈是難得兩字所形容的了的呢。

# 漂泊的興味

　　當「五四」的青年們熱血沸騰，遊行於大街小巷，高呼德先生、賽先生時，一個赤足的青年，背著幾本書，幾件舊衣服，串列於滇緬邊境，跋山涉水，風餐露宿，體會眾生百態，嚐盡人世炎涼。現在流行「北漂」，艾蕪是南行。

　　《想到漂泊》是紀念艾蕪誕辰一百周年，王蒙、余秋雨作序，當年主演電視劇《南行記》的王志文也有一小段文字，用作了書籤。書的裝幀喧賓奪主了些，王蒙、余秋雨的名字醒目的印在書的右上方，比「艾蕪著」的字體大。雖然封面上還有「艾蕪」二字的大號行書，卻採用暗花印刷，黃色封面的尚可，藍色封面的那本就不太起眼了，不經意還以為是王蒙、余秋雨的新書。

　　艾蕪，是名副其實的驢行暴走族，今人多不識，這次若不是為了紀念他，恐怕也不會為人廣知了。全副武裝長槍短炮，衝鋒衣登山靴，帳篷指南針，那才是今天的風尚，漂泊不是主題。所以讀到「響著拍達拍達的棕木拖鞋，趁著細雨迷濛的秋天早上，便登上伊拉瓦底江的南下輪船」的漂泊經歷，不禁令人嚮往了，更何況「窮困的漂泊，比富裕的旅行，就更令人感到興味而且特別神往些」，漂泊在他看來「是人生最銷魂的事」。現在的旅行是很難體會出這些趣味了。

　　在讀過《想到漂泊》之後，我在地攤上買到了他以前出的幾種書，才發現，他不會寫那些咋咋唬唬和鋒芒畢露的「積極表現」的文字，即使歌頌，他也屬於優雅、抒情的那種，而且有一種謙遜的分寸。他的語言比較「五四」，而我們有一段只提倡口語化的特別是農村口語化、再縮小一點是北方農村口語化的文學語言。而艾蕪的語言更像來自朱自清、劉大白、俞平伯的傳統吧。現在，我們流行發掘老作家，這是好事，不管作品的好壞都印出來固然是作品值得研究，但我以為能出像《想到漂泊》這樣的好書才是恰當的。

# 此事豈可對人言說

很久沒去書店逛了，一是買的書還沒讀完，二是覺得可讀可不讀的書太多。但趁著週末，還是走進了一家書店，琳琅滿目的書，新書不少，給人一種很震的樣子。我走來走去，沒有買下什麼。後來發現居然可能空手而回，乾脆就選了一冊：韓石山的《此事豈可對人言》。

他的書，我讀過的有《紙窗》幾種，說不上多麼喜歡，倒是常常在報紙雜誌上讀到他的文章。有一陣子看到他的文章，特繞。繞來繞去，很沒勁的那種，但就在讀得沒興味時，忽地來個句子，驚豔的吧。另外，給我的印象就是，老韓（他這麼自稱，且這樣稱呼吧）是屬於沒事找事那種，老是跟別人爭論（當然也有別人給他爭論），但我覺得爭論就是爭論，犯不著動刀動槍的——我的意思是不必那麼具有火藥味。有段時間，他跟流沙河爭論「的」，後來也是不了了之。我猜想，一個作家老老實實寫好自己的作品就行了，爭論那麼多幹嘛呢？不能當飯吃，有時也不管學問的事。

《此事豈可對人言》大概多少也有這種意思的吧。雖然讀他的文字晚，而且少，原來我也是隨大溜的那種：啊！老韓，他的東西不看。但一談論起他來，卻頭頭是道。這種做法當然是要不得的。胡適之說，有一份證據，說一份話。做研究應該如此。不讀老韓的作品你怎麼去評價他的文章？以偏蓋全，何況自己也沒有練到一葉

而知秋的境界。這樣的毛病實在不是好事情，老韓看了這種反駁他的文字倒說不定躲在一旁竊笑不已：那傢伙，最基本的都沒搞清楚，還想打倒我呢。

以前，總評論這件事，就是逮著有興趣的話，就說一氣，不管怎麼樣，覺得有三分道理就有些理直氣壯似的，一下筆就可以洋洋數千言。但看了那麼多有關評論的文字，忽然覺得自己沒了底氣，雖然知道一本書好在哪兒，卻想著這麼樣的評論是不是過分了點，諸如此類的想法跟著就出現了。雖然明白評論就是以識見取勝。比如在魯迅與胡適之爭中，我覺得是一個問題的兩個方面，但老韓說「讀魯迅的書讓人長脾氣，讀胡適的書讓人長學問」，這也沒錯的啊。在一個寬鬆的語言環境中，只要說的有道理的話，就該去聽一下，反正這又不是壞事情。

看這本集子，讓人更明白了老韓的想法。比如他說前輩風流實難及，他說經典有紅色白色之分嗎。諸如這樣的話題，當然不是時髦的，有可能有一些說法反而讓人不舒服，但他發在報紙上，現在又收到集子了，可見，他也是一個固執的傢伙。別人不認同，那是別人的事了。在第一輯裡，看到了老韓的經歷，可能是最家常的，也是容易被忽略的部分，從中卻可看出一種為文為人的脈絡在。

老韓在他的部落格上說，小說寫不動了寫散文，散文寫不動了寫評論，評論寫不動了做學問，學問做不動了作講演。──這十幾年，我就是這麼一路走過來的，不，該說是墮落下來的。就讓這部落格見證我繼續墮落的軌跡吧。其實，這哪兒是墮落啊。不過是見證了他在不同時期的不同變化，在我看來，這好夕也是一種難得的人生經歷。

# 東寫西讀的小趣味

　　以前，常常在報上看到安迪這個名字，文章做得自是高妙，儘管有些材料也是經眼的，卻沒有發見，可見也只是閒看書的料。前幾天，在成都見沈勝衣，閒談中就說到安迪，他呵呵一笑，且說安迪就是陸灝，尚有柳葉、陸俠等筆名寫文章。據說曾與沈昌文等人化名「脈望」，主持了遼寧教育出版社名動江湖的《書趣文叢》；之後幾年間，更是獨力編輯《萬象》，一手確立了這本雜誌獨樹一幟的風格。

　　這正如錢鍾書曾給陸灝書信云：「具有如此文才，卻不自己寫作，而為人作嫁衣，只忙於編輯，索稿校稿，大似美婦人不自己生男育女，而充當接生婆。」當然，在看到「美婦人」的《東寫西讀》時，猶如與老友瓜棚豆架下閒談，也有一種幽趣，可也算是一種驚喜。

　　陸灝顯然是劍走偏鋒的高手。所以他談論錢鍾書和楊絳曾怎樣捉弄傅雷，潘光旦巧譯希臘美臀愛神名字等諧謔故事，牛郎織女神話經過什麼樣的解構，《洛麗塔》電影中文譯名「一樹梨花壓海棠」的出處，福爾摩斯是不是以王爾德為模特兒……不過，看似瑣碎，識見精到，字裡行間時時透露出讓人興奮的新見解。如揭示梁山好漢的排名「就是按階級和貴賤來劃分的」，又如以《劇院》中的文字

來論證毛姆的同性戀情結。這些東西集合在一束，倒也很得筆記的神韻，同時，常常給人有微言大義之感，可以說這是更有一種難得意味，直令人低迴不已的正是這裡。

讀書當然是因為好玩，不為做學問，不為寫論文，讀到有趣處不妨拿來與友朋分享的。陸灝的這本薄薄的小冊子大抵如此。且看他筆下的施蟄存：「午後的陽光撒在窗外的陽臺上，窗下書桌上凌亂地堆著書報文稿信札，九十歲的施蟄存老先生坐在書桌前，嘴裡銜著雪茄。我坐在他身旁，抽著煙，一老一少有一搭沒一搭地閒聊著。這個場景，九十年代上半期不知有多少回，幾乎每一兩個月就有一次。」這樣的景致是令人懷想不已的，不免感歎一番「余生亦晚」。

這書的封底說：「追求小趣味、看不到大問題的讀書方式，雖然在正宗的歷史學家看來，只是文人們地地道道的淺見薄識，但對我這樣讀書只求趣味不為寫論文的人來說，幾乎就是全部的興趣所在。」不過，在看這本小冊子時，我就記起了胡洪俠的《老插圖新看法》，同樣談的是東西文化，對比著閱讀，也是大異其趣，且看從那些一卷卷書之間，尋求到的一種閱讀的境界，也見得風情。這種小趣味儘管小，亦是小品文的氣象，並小到精妙絕倫的了。

# 尋找文化失落的靈魂

　　第一次讀李歐梵的《范柳原懺情錄》是在數年前，當然要以張愛玲的《傾城之戀》是基本的底色，而且越濃烈越好，不留隙白，此等功課才算得上扎實。文字一見即為傾心。他說起西方理論如數家珍，卻不追求自成一家，甘做「狐狸式的學者」。難怪他被稱為「狐狸洞主」，佩服之餘，就把他其他的書找來一讀，自然是更加喜歡了。

　　不過，在看他的《西潮的彼岸》時，我一直擔心，在這個「全球化」的「後現代」世界中，「西潮」早已失去當年的歷史意義（我猜，這是取自蔣夢麟先生的一本自傳《西潮與新潮》）。他談論的西潮的意義又在哪兒？生怕他說來說去也說不出個子丑寅卯，令人興味索然。儘管在今天，我們不再談論西潮的問題，更多地著眼於一個全新的視野，看一看也無妨，但總覺得文化這東西不是人能強制地左右它生存的，應該看它是否適宜當下生活的語境，如果不適宜，那沒落是一定的了。而「彼岸」呢？按李歐梵的說法，「指的本來並非中國傳統文化，而現在也無所謂『回頭是岸』的說法了。」可見，在這裡他所闡述的不過是中西文化的碰撞的。大概，在這種日常性的交流中，我們更能體會出文化的內涵吧。

　　這本書是李歐梵多年前的舊作《西潮的彼岸》、《浪漫之餘》、《中西文學的徊想》三書的結集。他說《西潮的彼岸》是一本「我那時

候真年輕」的感情記錄：在康橋畔沿著徐志摩的足跡，「刻意」找尋二十世紀二十年代的靈感；在薩爾茨堡和維也納，為音樂之都的「飄零」而感傷；遍尋卡夫卡和昆德拉的城市，去細讀波希米亞漸被遺忘的舊日記憶；看中國電影，下中國館子，唐人街是心中的「麥加」；在「閒書」與正書間艱難取捨，就有「閒書呆子」無耐而率真的自白；面對還不清的「書債」，常常不勝惶恐。這些充滿浪漫情懷的文字不僅是李歐梵教授一段難忘經歷的記載，更是一種激情的證明，一種真性情的體現。並從其他兩書選了一些中西文化有關的文章進來，看上去更符合體例，但對於未讀過他的作品的人來說，是再恰當不過的了。

　　如果我們回看李歐梵的系列文章，從《西潮的彼岸》到《浪漫之餘》到《中西文學的徊想》到《狐狸洞話語》到《狐狸洞囈語》，自上個世紀七十年代至今，李歐梵在精心構築他的英文學術殿堂的同時，也一直堅持中文學術隨筆的寫作，而且越寫越好，越寫越精彩。所謂激揚機智，馳騁思辨，所謂如行雲流水般，所謂學者個人的塵寰情味越濃烈，筆下的心韻氣魄越彰顯，學術樹人醒世的力量也就越大，「狐狸洞主」李歐梵的這些最初的文章正好提供了又一份生動的標本。正是因為對文化的熱愛和關心，他才在文字中不停地漫遊，尋求一種靈魂的慰藉。

# 書衣之美

對書衣，熟悉新文學史的人都知道。許多文化名人在書衣上都非常講究。魯迅、唐弢等在文章中多有論述。說來，「書衣」發展的歷史，就曾經歷了卷軸裝、經折裝、旋風裝、蝴蝶裝，以及線裝、精裝、平裝、工藝裝等等變革。對一個愛看書的傢伙來說，書衣的好壞直接決定著是不是去讀一冊書。

關於書衣的書這幾年頗出了幾冊，有趣的居多，比如《書衣百影》，由於姜德明收藏了大量新文學書，這書自然做得美輪美奐了，那些幾十年前的書封，看看都讓人懷舊，骨子裡化不開的濃。而《書衣翩翩》，儘管也是在談書衣，由於文字密密麻麻，令人覺得不大如意。到現在是一冊書也沒讀完，不是文字不夠好，實在是不喜那書的裝幀了吧，更何況書衣印得也不夠漂亮。

孫犁的《書衣文錄》是一冊小書，是頗令人喜愛的小書了。孫犁愛惜書，甚至有點愛書潔癖，每本書都要包上書皮。特別是在「文革」中，理書、整書、包書成為生活的寄託。他隨手寫在書衣的這些文字，或記個人生活和心境，或憶友人，或陳書之來由、或評書籍與作者，是對古人讀書記的繼承和發展，也是研究他晚年思想、藝術風格的重要材料。現在市面上難得遇到一冊了。而新出版的《唐弢藏書——簽名本風景》，為十六開闊大本，版式疏朗大氣，封面使

用熱熔紙，設計上採取熱熔壓型工藝，質感手感皆好，十分可人。書名「唐弢藏書」四字由黃裳題寫，平添一道「風景」。說到黃裳，不由得令人想起他的那些寫書的書，大抵是見一冊收一冊，若干年下來，也有幾十種了。

這些關於書衣的書，當然是少不了范用的《葉雨書衣》。這是范先生封面設計的一個自選集，「我有許多花箋，不捨得用，來做設計。」范老先生這個得自趣味中的趣味，甚是妙善。書人楊小洲云，所謂「葉雨」，即是范用先生自詡「業餘」的諧音，做設計時專用來當筆名，聽起來像雨打芭蕉那樣幽深意境的女子名字，不免促人聯想。也是難得的得書佳趣了。

這一冊《葉雨書衣》雖為范用先生書衣設計的個人集子，卻很有觀賞趣味。書收有范用先生十餘年前設計書衣六十七幀，另選有部分扉頁和版式，作為書籍的整體設計而言，頗為全面。每幀書衣設計配有約幾十字的說明，語言簡潔如同他設計的封面。書前一篇「自序」，談的是范用先生作設計的緣起，說大約是在 1938 年的漢口，受胡考先生封面設計的影響，「於是我也學著畫封面。並非任務，下了班一個人找樂兒偷著畫。一次，出版社黃（洛峰）經理看到了，稱讚了幾句，我非常開心。以後，有的封面居然叫我設計了。」看這冊書時，才發現自己手頭上有不少書居然是他設計的。我隨手記下了如下文字：他設計的書，簡潔、淡雅的風格，獨立於書林。今天的圖書，書衣設計的花俏的多矣，難得遇到讓自己喜歡的，所以就只好向舊書攤買些舊書去。

書衣之美，猶如妙齡女子，遠觀是一道風景，近看，亦不失為亮麗。至於書衣的有趣更是見仁見智了，我的一位愛書的朋友云，

胡思亂想之際，覺得書衣這玩意兒就像是女人的圍巾，可有可無，只做點綴之用。有之，便平添幾分優雅含蓄，凸現其玲瓏婀娜；沒有，便多了幾分親切直白，平易近人。以此想來，寬啟書衣，開卷有益，倒似乎有幾分輕解羅裳，纏綿繾綣之意了。

# 那一抹穿透時空的迷人

　　夏天，過於炎熱，看書也是以消遣為主了，那種厚重的書不妨等過了夏天再看了。畢竟看書到機緣巧合才看得進去。最近，劉紹銘系列是跟著李歐梵系列出來，剛好適合——《文字還能感人的時代》、《吃馬鈴薯的日子》、《一爐煙火》和《文字不是東西》。光看名字，誘惑力自然不小，何況其文字簡樸，間或夾雜自嘲，中西糅合，古今懷想，隨處可見。談歐美文學，談港臺文學，談自己的所見所聞，均是不凡。那就是它了。

　　劉紹銘是老派人物。所謂老派人物，即文字上淡雅中透著些許溫情，不輕易表露出來。別具風味的文字，到底是迷人的，忍不住讓人一讀再讀的，即如其自傳《吃馬鈴薯的日子》這樣容易濫情的文字卻一樣的精彩。且看他的履歷：

　　劉紹銘是上世紀五十年代臺灣大學畢業的，爾後兩手空空跑到美國念研究院，他的比較文學博士學位來自於印第安那大學。博士畢業後，先後任香港中文大學、新加坡大學、威斯康辛大學、香港嶺南大學中文教授，吃的都是粉筆飯，一輩子在大學裡做中文教授。中文教授在這些大學裡，似乎是邊緣人。不過，卻能獨享文字的樂趣。

　　在他的自傳中，把這些前塵往事述來，辛酸中獨見個性。《童年雜憶》寫作者在孩童時面對種種的生活磨難和不堪以及個中感受，

包括寄養在伯父家的生活、跑押店，然後是隻身赴美，看似決絕中卻是胸有成竹。打工讀書這樣的經歷是海外學子的生活，劉紹銘亦不例外。眼看著生活沒有著落，面對學業中的困難，可真是不易對付的，他卻似進入桃花源一般，「林盡水源，便得一山，山有小口，彷彿若有光，便舍船，從口入。初極狹，才通人，復行數十步，豁然開朗」。端的是天無絕人之路也。說他福大運氣故爾不壞，想必他也是同意的。

這般的經歷，難得他控制得乾淨、俐落，不靠「隱私」為賣點。赴美前與女友分手的一段，劉紹銘淡淡地說出，也是極有分寸的：「兩所學校都回信了，結果不出所料：一塊錢助學金也拿不到。乃以實情告訴了未婚妻，並請她耐心等我一兩年，待我在港工作，保證金借到、船票有著落後再走。想不到此種困難得不到小姐和她父母的理解，沒多久，退婚的通知就來了。」事情戛然而止，乾淨至極。

文化是中文系教授的立身之本。劉紹銘談文化，孜孜不倦，甚至有些苦口婆心，難得的是這些畢生的堅持，這些人生的智慧，這些深刻的心得，卻用最「敏感、敏銳、敏捷」的文字表達出來，充滿了個性和情趣。

這些文章大都以文化人和其自身經歷為引，抒懷發論，或調侃文壇逸事，或點評文字「顏色」，或小述翻譯體驗。他緬懷故友恩師，喝彩豪情文字，受「頹廢感性細胞」支配追憶舊時香港，也難「忍杜甫成夷狄」力挽既倒的語文狂瀾，都見真性情。雖然董橋的文章亦是如此，但多少是在舊時明月中低徊。老派是老派了一些，雖然一樣流行，卻於不大熟悉國學的人來說，到底是一種隔。劉紹銘的善於調侃，於行雲流水的文字間將大至現代文化、小到香水用法都娓娓道來，自然能使人在獲得輕鬆之餘，又能產生深刻的思考。

　　接觸劉紹銘的文字不過是近幾年的事。在沒看劉紹銘之前，是董橋，是李歐梵，當然少不了陶傑和林行止。他們構成的文化圈可謂是香港的一道風景了。

　　這樣的閱讀經驗，看似粗疏，也不成系統，這並不要緊，所謂閱讀，在我看來就是能讀出點味道來。而談到今天的閱讀，劉紹銘曾一聲歎息：古人「風簷展書讀，古道照顏色」。不似今人，看書看磁片。不過，這似乎是多餘的，因為文字不是東西，還有通過文字傳述文化的魅力的人在。微光之後也是能見光明前途的。

　　在這個夏天，能讀一讀劉紹銘多少是幸運的。且握一卷書，泡一杯清茶，不必咖啡，躲在小樓成一統，閒閒地讀一下，剛好夠打發一個下午，享受享受那一抹穿透時空的迷人……。

# 書海尋醉

　　我一直很喜歡書話這種形式，它比書評要有趣的多，形式也更活潑。名家書話如《西諦書話》、《黃裳書話》等等是常放在手邊的，並且有很長一段時間以書話提及的書去尋書。以至於在書店裡看到書話類的書都會毫不猶豫地買下來。確實是拜書話之賜，我尋到了不少好書，有趣的書。誠然，一本好書，能得以流傳，當然是包括諸多因素的。但我以為書話在其中引起的作用是不可估量的。像范用編的《愛看書的廣告》，就有不少以書話或書評的形式出現的廣告，至今想起來都是覺得無法超越的好文字。這類的書話前幾年見的較多，比如書話系列、書趣文叢等等，都是極受愛書人喜愛的書。當我在書店看到許定銘的《醉書隨筆》，打一個不太恰當的比喻，真有一場豔遇的感覺，那是不會令人失望的。

　　許定銘不是一個專職文人，專門依靠賣文為生，只是在香港開過舊書店，熱衷於搜集各種現代文學圖書的不同版本，尤其是關注稍縱即逝的作家作品，如石懷池、周文、羅淑等一些較少被人提及的作家他都有關注。這不僅是因為他們有自身的價值，不能因為他們的名氣不夠高，而給以忽略，何況對整個新文學而言，他們也是不可或缺的一部分。這就像他說羅淑的那樣：「在三十年代的中國文壇上，她仿似一顆流星般從空中劃過，卻給人留下了點點的火光。」

　　許定銘對新文學圖書的收藏頗有心得，對新文學作品亦頗有一番獨到的見解，比如對於《駱駝祥子》的幾次結尾修改的考證，從而使讀者明白當時的文藝政策的改變，這對於瞭解中國文化的發展史來說，是很有價值的。這些見解或心得都是靠多年的舊書店裡的見識。所謂見多識廣大概就是這個意思了。而他談黃裳的〈黃裳揚錦帆到天涯〉一文，是對黃裳的《錦帆集》的評論，他說「（黃裳）寫書話更能旁徵博引」是得到後來的證明的。可見許定銘的識見確實高過別的評論家許多。

　　這本《醉書隨筆》是他關於書關於上個世紀三十年代的作家的隨筆，包括葉紫的《豐收》、唐弢的《投影集》，以及由《邊城》引起的回憶等等。都可看出作者不僅是在販書，更是下了一番功夫的。雖然它們看上去有些細碎，甚至有些雜亂，卻始終是有一根線在的，那就是一「醉」字，讀書、愛書、藏書的書生模樣躍然紙上。你想，在茫茫書海中航行，一個人就似一葉扁舟，能醉遊一回多少也是一件賞心樂事的吧。「醉」有著休息、靜止的意思，卻是動中有靜，靜中有動，亦是充滿活力的表現了。更為難得的是，在書中插入了不少原版書的書封，使讀者對瞭解當時的圖書出版風貌是有益的。

　　出版人吳鴻在看過《醉書隨筆》之後說，做得很好，比香港的還好，書卷氣向我襲來，不中毒都不行。當然，他是從出版人的角度來看這本書的，這自然是跟書中的讀者與編者的對話，使編者更能把握圖書市場有關。但對於一個愛書者來說，能在書海中尋到些許好書是很不容易的事，不少書友有跑了半天，一本合適的書也找不到的經驗多少是有的，像《醉書隨筆》這樣的書話則是不僅使人增加見聞，就是尋書也方便的多了。

# 幸福生活從美食開始

　　成都人大都是好吃嘴。即便不好吃的如我，也經常混跡於飲食江湖，到底只是吃吃而已，不像聶作平，一吃吃出個美食家的名號，還出了本書叫《舌尖的纏綿》，這是聶氏飛刀的一種。我在書店看到這本書時，老是記成纏繞，不是纏綿。而纏綿，我猜想，是跟他的詩人氣質有關。

　　這讓記起來，早先看他的文字發在報紙上，不是報屁股上，常常是頭條，而我第一次跟他見面就是在都江堰吃飯喝酒，亂七八糟的胡亂喝一通，白酒紅酒的，後來又去泡咖啡館，很有點匪氣。但比不上《水滸》中的好漢，雖是大碗喝酒，但肉是小口小口吃的，那些豪氣沖天倒保存了一些些。這些雞皮蒜毛的事情，在我看來，沒多少價值可言，吃喝再怎麼著，也沒大不了的吧，不過是吃喝而已。但他就不一樣，隨後用詩一般的語言寫出來，有趣又不失高雅，這些美食語錄大抵是這樣來的。

　　說到「老酒館」，他不由得感歎：「是它們，以美酒和川菜的名義，詩意了老成都的花樣年華。」而臘肉和香腸是中國民間美食的雙子星座，就像李白和杜甫並稱為李杜，從而被認為是中國詩歌史上最令人景仰的雙子星座一樣。「而大蒜鯰魚味道之美，乃至於次日起床刷牙，細嗅牙刷，竟還殘存一股鯰魚的香味。」「尋常百姓的人

生總是小的，無數的小就構成了我們的一生，浮生若夢，喝酒是一件重要而深刻的事情，它教育我們，要像熱愛美酒一樣熱愛生活，哪怕生活寡淡無味，但至少還有一些小酒，在未來的時光裡等待著我們。」諸如此類的語錄構成了聶作平對美食的獨家解讀。說白了，幸福生活從美食開始的。

聶作平對美食的精道，除了到處吃喝之外，還留下來的是這些不凡的文字，看上去就像壞人一樣，實在是最好的人。也許正是因為這個緣故，他在文字中調侃生活的同時，還特別留意這些吃物的不同，大概這是美食家最大的與眾不同之處吧。哎呀，想不到吃喝這件事，還有如此多的學問，實在是令人難以想像的了。

如果僅從文字上看，也看得出聶作平的有趣。如果飯局也存在著一個江湖的話，我猜想，也是如同冷兵器時代的江湖一樣，高手如雲，不知就裡的進去，怕是難以脫身出來。畢竟各地的美食是不盡相同的，吃法自是各有差異，如何吃得高興，對如我這樣的食客而言，也是十分困難的，只能是看著形勢變化多端，小酌一下而已。但他說，「現在不再是豪飲和好漢們的江湖了。現在是小資們的江湖，是白領們的江湖，他們風光地倡導著不飲的時尚，他們精緻地表演著他們的人生，彷彿世界只是一個供他們作秀的話劇舞臺。用魯迅老爹的話說，你抵擋得了麼？」仔細一想，可不是這樣的嘛。

時常看見冉雲飛在聶作平的詩酒版圖上留言：聶胖娃，好久不見，改天聚一下。當然，這樣的聚會在他的部落格上隨處可見，但一到書中，就變成了另外的樣子，讀上來不免有股怪怪的味道。儘管是纏綿，也多少打些折扣的吧，至於不爽是一定的了。好在不想看書時，還有他的部落格可看。

寫在書邊上

# 第六篇
# 書店事

# 書店理想

　　前段時間，香港青文書屋的老闆羅志華意外葬身書店。這可真是悲劇，那麼與書相遇是一種羅曼史也就有些淒美了。想起自己的書店不免感歎一番。羅志華是把書店當成了文化事來做，一絲不苟。哪兒像我開店，全沒個正當的理由，就把書店開了起來。

　　當初開書店，能想到這些事情無非是自己愛書而已，至於有什麼崇高的理想，似乎也沒想過，能靠這個養家糊口，確是難事。特別是我這樣的工薪族，資金少，自然做不成獨立書店，只能當一個業餘愛好的吧。

　　那天，在店裡無事，也沒人來逛書店，我就一個人閒翻書。想起商場的顧客盈門，人來人往不斷，我開書店卻又是為何？且不說無法跟商場相比，就是書城也不能相比的。忽地憶起上次與一位書友的閒聊。

　　「開書店好，至少可以有書可讀的嘛。」他似乎十分羨慕地說。

　　我呵呵一笑，這可難說，書賣不出去，常常是虧空，即便是有書可讀又如何。我又不能打擾了他的興趣，只好說，開書店，也有難處的嘛。

　　「是啊，現在做什麼沒難處呢？」他又微笑著說，看的出來他對這個很有熱情的，不過，有個理想在，還是很不錯的。

「理想？我開書店也沒什麼理想的。」我笑了。

「多少還是有些想法吧。」他說。「我看了一些書店，也打算開一家，卻不知怎麼做才好，暢銷書能賺錢，但沒品位；有品位的書店，賺錢卻少了。」

「呵呵，把書店先做起走，再想辦法如何發展比較好。」我說。這個道理確實再簡單不過，當初我也像他那樣想，好歹都無法使書店正常運轉，只好如此的了。

「另外，還可以搞一些活動，或提供其他服務，如此就把業務做大了一點，畢竟僅僅靠售書是相當困難的。」我又說道。現在的書店，可不是這樣的嗎？我也該把書店往這個方向努力一下去了。

在英國，每週就有一家書店關門，而在成都，也見識了不少書店的開門關門，但有理想的幾家書店，早把書店搬到網上去了，而我，卻走相反的路，開書店有理想嗎？我可不大清楚，只要愛書就成了吧。大不了，把書店當成一間茶館，與書友聚會、聊天則可，談什麼高深的理想呢，既然我們生活在俗世當中。

# 憤青

　　剛開書店那陣兒，總覺得無論如何，都應該是開的不錯。但實際操作起來卻又相當困難。那天，去鄰家書店，他們門前立著個廣告牌，上書：某某名人講座。其實那傢伙不過是一哥們兒，經常在一起混，不曉得怎麼就成了名人，我去的時候，門口有一群人紮堆，儼然粉絲樣。

　　這是一個好辦法。回頭，我也學著請了個名人來，這位名人在網路上常常拍帖，動不動回帖都上百，點擊上千。據我所知，他在本地也有一大群粉絲，按道理講，不管他講得是不是夠十分，都能把場子扯圓，至於能不能賺錢倒是其次，吆喝肯定是有的。

　　說做就做，活動定在週末，講的主題是自由主義時代的民主。整個一憤青的講座。還好，那天來的人不少，青年男女，以及老右派都出場了，場面很壯觀，很活躍，大家喜笑顏開。這位老兄大概很少見這麼多粉絲捧場，講話開始還溫和，隨後變得激動起來，兩手揮舞，連話都講得有些破碎。大家很配合地鼓掌、微笑。在活動的結尾，有同學問起一些問題，他都一一作答，當然少不了談論臺灣的民主之類的話題，但都是適可而止。

　　第二天，有參加活動的在網上發帖寫部落格，盛讚這樣的活動，直說是先鋒。看著這樣的熱烈的反響，還真令我這沒學問的人有些

頭腦發熱，是不是可以搞成一個自由發言的平臺？理論書上這麼說，書店要常規經營中，得突破點什麼，可我們總不能老是這樣的套路憤青下去嘛，這次這樣，下次又怎麼搞，而且很容易被別人學去。得另想辦法。而且鄰家的書店接著又針鋒相對的搞類似的活動，比我們的還憤青，如此打架一樣的整法，多沒勁啊。想想，這樣整下來，多少也是無法玩下去了——自尋死路嘛。

　　不過，你們的資源挺豐富的：本地的、外地的、有名氣的、有粉絲的，都能請過來。粉絲們一定喜歡這樣無拘無束的交流。網友認真地建議。

　　可我清楚地知道，書店就是一書店，看它的小樣兒：不管有多大膽，都得走自己的路，不能跟別人一條道走下去，儘管那樣能跑得快一些。

# 無招勝有招

　　書店越做越覺得難做。說高雅吧，不賺錢也沒什麼意思，周圍的店家有的實在是熬不起走了，就只好關門了事。這就像飯館一樣，不能跟客人提供最好的飯菜，早晚是要關門的。

　　不過，常常遇到關心的顧客，他們說：「你們可以做個書吧。」於是，書店就闢了塊地方，提供茶水或咖啡，地方雖小，但頗有景致，因而常常是滿座：嗨，這地方，鬧中取靜，有趣。

　　一天，我在外面吃飯。一個喜歡收藏筆記本的朋友說：「我覺得，書店賣筆記本也不錯也。」我點點頭，但又猶豫了一下，畢竟現在還有多少人用這個是一個問題。她又說：「小資們都喜歡各種各樣的本子。」她就是小資之一的嘛。我就找人淘各種有意思的本子來，結果，買得還成，也就幾個月，有了本子的顧客群。

　　這樣以來，朋友有什麼意見，都會說出來，「哎呀，這個地方擺上職場類的書，不好。」「這兒可以放一凳子，方便閱讀。」先不管他對不對，總有幾分道理吧。

　　周圍的店家看我們店又開書吧，又賣筆記本的，大有雜貨鋪子的做法，不由得哈哈一笑：「這家店快關門了吧，至少支撐不起了。」「書店不好好賣書叫什麼書店嘛。」只有一家店老闆說，「書店不能老做法了，要適應新時代了。」但大家覺得這老闆真扯淡，做書店都是多年的經驗，這不是廢話嗎？

　　但令他們奇怪的是，這兒來往的人多，隔了許久，也不見關門的跡象。他們就跑過來看，「真不可思議啊，居然那麼多人來。」，「書還是那些書的嘛。」

　　他們問我因由，我說：「我也沒什麼招，就是有朋友提議做這做那的，覺得還真是有點意思，就增加點書店內容罷了。」

　　「哈哈，你是怕我們都學你的，搶了你的生意吧。」一位老闆說。

　　「照你這樣說，我確實很害怕，不過，每個店都有自己的風格的，別人很難搶走你的生意。」這是大實話。不過在他們聽來，卻是有點刺耳吧。

　　他們覺得這邊也沒什麼稀奇的，不就是為客戶著想嘛，都可以做到的。我把他們送走了，有一句話沒說出來：「嗯，這一招叫無招勝有招。這一招就是貼近大眾的需求的。」

　　不過，這話很難講，畢竟每個書店生存下來都是有自己的招數的，豈可照搬？

# 品味問題

　　剛開書店那陣兒，什麼都不曉得，總覺得跟自己愛好類似的人很多。於是，進的一類書就是自己喜歡的。一位讀者戴著眼睛，很仔細地在書店看了一圈，就忍不住問：「老兄，這是你的書房？」

　　我很詫異地否認了：「哪兒是。不過想把書店弄得專業一些吧。」

　　「呵呵，書很有品味的，不像路邊常常看到的打折書店那麼樣。」他笑著說，「不過，我想營業不是很好吧。」

　　「確實是不大好。《吳宓文集》多有學術價值的。想不到看的人不多。」我不由得苦惱了起來。看著進書店的讀者稀少，在我是非常著急的事情，因為沒有銷售，房租什麼的就是虧空著。

　　「書店做起來，不容易的哦。」他又說。

　　看他欲言又止，想必有不少話要說，我就請教他。

　　「把書店做得有品味，當然沒有錯。不過，如果一個勁地想著做品味，但如果書店不能生存下來，哪兒談得上品味？」我仔細想了下，可不是，看看別的行業，不管生意做得大小，哪兒不是先這樣的呢。

　　那以後，我就照著他的意見調整書店的書，暢銷書進的多了些，還開了雜誌專區。而那些喜歡學術書的讀者這下不幹了，常常進來就問：「嗨，怎麼什麼書都有的，書店是越來越沒品味了。」在他們

眼裡，一個城市應該有品味的書店，要不，談不上什麼城市精神之類的東西的。

　　確實，書店搖擺不定，原來的讀者自然就流失了一些。我對他們說起書店改變的因由。他們就說：「掙了錢，再做回來也沒什麼大不了的，畢竟你要靠這個養家糊口的嘛。」

　　不過，幾年過去了，再也沒見到當初的那位讀者。偶爾不免懷想起他的話：「做書店，到底品味並不是無關緊要的問題。」

# 簽名本

　　大型書店常常搞一些知名人物的簽名售書會，這不僅可以跟讀者互動，也更能吸引讀者。但小書店搞不起這樣的活動，一是沒那麼多的錢請名人，二是讀者受眾小，難以起到轟動效應，連媒體報導這樣的活動都有偏重的嘛。

　　為這事我一直犯愁，沒有活動，沒有特色，開書店基本上是賠本的生意。後來我就請教做市場的許嵐。他是著名的打工詩人，一說這事，他就滔滔不絕，說實話，對市場營銷這一套，我還是很陌生的。

　　「不管做什麼行業，都要搞營銷。」他語重心長地說，「你看那些很牛的企業，就是營銷做的好。」

　　不可否認。我說：「你看這書店怎麼做營銷？」

　　他簡單地問了下書店的資源，立刻腦袋一拍：「這營銷說難可真難，要簡單也很簡單。比如你這，有那麼多的作家朋友，雖然書是小眾了些，但市場價值是有的，你就進一些他們的書，請他們簽名，對，就買簽名本。」

　　我不由得眼前一亮：「就是啊，我怎麼沒想到這一招，不管是冉雲飛，還是古清生，都可以這麼做的。其他的朋友也可以這樣做的嘛。」

　　「每隔一段就推出一種簽名本。」我說。許嵐笑了笑：「貨要備足，另外，你也可以通過網路銷售，對作家來說，這也是一種宣傳。」

　　這事說做就做，我先去書市買一批書進來，然後請最近的幾個作家簽了名。他們說：「好，想不到你還有這一招。」為此，我在書店專門闢了一個書架放簽名本，有興趣的讀者自己找去。另外，我還讓服務員張貼海報在門口的醒目位置上，這一下，就吸引了讀者的目光。

　　這樣做，別的書店可以模仿。我就想起了另外一招，只要讀者需要，書店還可以幫忙找他喜歡的作者簽名。這一下，不得了。各種各樣的簽名要求都有，我不敢怠慢，即使一時聯繫不上的，也想辦法滿足讀者的要求，畢竟讀者是上帝嘛！

　　有一天，許嵐到書店來看看，看了一圈就說：「沒想到你這簽名本服務做的這麼好，簡直出乎我的意料。」我笑了笑：「服務行業就這樣，為顧客著想，他們還不曉得好？」

　　不過，這簽名本好就好在不僅滿足了讀者的私心，也讓書店結識了更多的作家和名人。

# 漂流日誌

　　有一陣子，流行圖書漂流。一些書店參加了，朋友問我為什麼不參加，我說，大家都做得，我們要做，也未必好到哪兒去。如果我們做的跟別人不一樣，那就很容易做好了。朋友點頭稱是，隨大流確是沒多大的價值的。

　　別人搞得很紅火的時候，我們店開了個會，我先講了意思，小劉說，那我們也可以漂流起來的東西嘛？

　　大家思路一下子打開了，漂流圖書當然是好事，不過，還有什麼可漂流的呢。我實在想不出來了，小張看沒人說話，就說，現在網上流行寫部落格，我們是不是可以借鑑一下呢。

　　可不是。我們也可以搞個漂流部落格什麼的，後來大家發言就踴躍了，各種想法都有了。最後定下來做漂流日誌。

　　說做就做，買回來一些筆記本，每個本子做一個主題，作者全部是長期的讀者，不管是插圖、漫畫，還是文字都成。然後按事先制定的規則一一做來，有想法就好嘛。我對大家說。

　　漫畫家邵小明把他的人物漫畫畫了上來，詩人王國平加上了詩句。這漂流日誌還真別說，比圖書的內容還豐富許多，而且是按照每個人的想法做，雖然風格差異很大，但很有趣的啊。

　　第一本的《讀書生活》花了將近兩個月才完成。看著那麼多的內容，真是有些異想天開的味道了。接下來的幾本也是別有味道的，有講生活的，有講文化的，那可真是千姿百態，所謂創作都是這樣來的吧。

　　小劉說，我們這個活動可以長期搞下去，隔一段時間推出一本，做的好玩就成。這個也可以當作實驗品來展示，不賣。我說，好，這就是我們店的一個形象。

　　「太好玩了。」你可別說，這活動一搞起來，很多人都參與了進來，每個人的都有一種創造的慾望的，於是，他們就把自己的聰明才智也都發揮了出來，看著那麼豐富的作品，真是太有才了。一個作者乾脆寫上了一句：「嘿，有了漂流日誌，還真對得起咱這張臉！」

# 將錯就錯

　　書店也曾遇到尷尬事。某一天，一位時髦的女生找上門來，二話不說，非要退書不可。她拿的一冊書是《徐志摩詩選》。大概是看了《人間四月天》才買的吧。我嚇了一跳，還以為是多大的事情，拿過書，翻了翻，書的封面有些髒，而且看內文的版式似是盜版書。

　　「妳挺喜歡徐志摩的詩嘛。現在年輕人看詩的少了。」我不由得說，又一想，若不是電視劇，怕是徐志摩也成老古董了。

　　「這書我不要了，你們退錢。」她沒理我的話，直接說。

　　我看了書後的印章，確實是我們書店的。我說，這書的封面妳買的就是這麼髒？她立即說：「不是，這是盜版書，沒想到你們這麼大的書店也買盜版書。」

　　「姑娘，妳可不能亂說。」站在旁邊的店員小劉立刻說，「我們可不賣盜版書。」

　　我衝小劉揮了下手，她就走開了。我說：「妳看，書成這樣子了，如果妳買下的書，當時沒這麼髒，我們還好說一些……。」

　　「那就是你們不退書了？」她沒等我說完，馬上就說了這麼一句，看來是個急性子。

　　「我也不是這麼個意思。妳先別急，退書當然是可以的。如果妳有興趣的話，可以擔任我們的監督員，經常過來看看，哪兒有什

麼盜版書之類的。以後，我們定期給妳送書，妳看怎樣？」我笑了
笑說。

　　女生一下子就愣住了。她想了想說，這還挺划得著的。我最煩
盜版書什麼的了。我笑著想聽她進一步的解釋，卻沒有了。

　　這事就這麼定了下來。女生很高興地離開了。隨後我把幾個店
員都招來，讓他們售書時注意一下，凡是盜版的書、封面或內文有
錯的書都不得賣出去，然後又對進貨管道進行了梳理。

　　那以後，這個女生時常到我們店來，看看書什麼的，每一兩個
月送幾冊書給她。你可別說，她對書的意見挺多的，一段時間下來，
她還真找出來好幾種看上去像盜版的書，店裡又給發貨方聯繫，確
認是不是盜版書，這樣一來，差不多杜絕了盜版書。也算是因禍得
福的吧。

# 老常賣書

　　那天，我在書店閒著，小劉就帶一位老先生和一位老太太過來，說是想賣幾本書，說著就從隨身帶的口袋裡，拿出了一冊，是《大陸中國青年黨人的歸宿》，我翻了一下，內容簡單了些，但作為一個退休的工程師來說，也十分難得了。我說，那就放在這幾本吧。他又說，每本只要十元。就留了十本書在。然後，我又留了他的電話。

　　隨後，我翻了下書，原來教我檔案學的老師常崇宜是他大哥。書中的大多數故事幾近掌故了。過了幾天，我給他電話，再要幾冊書。他天遠地遠坐公交車轉了好幾道車送過來，而且每本書都簽了名，還帶來了他的其他兩本書，這都是自費出的。

　　老常叫常崇宇，是從山西的常家大院出來的，這常家大院比喬家大院出名的多了。老常搞理工的，卻出書寫文章，了不得。更了不得的是他夫婦二人曾舉行自費「贈書萬里行」，好多圖書館有他們的贈書，實在是算壯舉。瞭解了這些，就把他的書放在書店的顯眼的地方，重點推薦。

　　沒想到喜歡的這本書的人還真有一些。老常索性把全部的書都拿了過來，好幾百冊。我給他錢，無論如何他都不肯收。「送還是賣，隨你。」他大方地說。但他自費出這書，花了差個多一萬塊，我怎麼如此忍心收下這些書呢。得想點別的辦法才成。

他見我還在猶豫，就說：「我拿著還不是送人。」我又想點別的招，也被他拒絕了。

有天，我在部落格上說了這事，冉雲飛就要了一冊，還在他的部落格做了推薦：此書對青年黨的歷史有普及介紹之功。不想，這一下來要書的人就更多了，還有要老常簽名的，但老常是成都、十堰跑，哪兒能為這事還麻煩他呢。

現在，我還留有幾冊他的書，送給研究這歷史的人，不能亂送了，要不，可真辜負了老常的一番心意了。

不妨在這兒給自己做個廣告：自費出的書都可以拿到讀書公社來出售。

# 詩傳單

　　自從書店開始了漂流日誌的活動，小劉覺得這活動還可以延伸開來，有幾次開會她就提起了，可我總覺得沒好的點子，萬一推出了，別個模仿了過去，顯然就失去了意義。

　　事情出現轉機是在汶川地震以後，《詩刊》推出了詩傳單，在災民安置點發放，這是不是可以結合起來做呢？我專門看了幾家書店，似乎也沒有搞這樣活動的意思。而且這時也有朋友提議做這個，那我們就可以做詩傳單。

　　圍繞這個，我們幾個人還專門討論一下，是不是像網上論壇那樣做，還是像詩歌刊物那樣排。但規矩太多，可能就把詩歌限制住了，乾脆不要什麼規格，就是在一個平臺上展出，每首詩都有自己的花樣，看上去很有趣，就夠了。

　　於是，我就邀請了幾個本土的詩人，不想，他們都很感興趣，每人都手寫了好幾首新詩過來，張貼在書店裡的醒目位置，原來打算做成詩歌牆，可現在不少地方都在做這個，我們店小跟別人競爭，顯然是沒這個實力的。其中，來自都江堰的詩人王國平的《內心深處的震動》剛貼出來沒幾天，一下子吸引了很多人留言，「真令人震動！」、「原來災區有如此偉大的愛。」呵呵，想不到過了幾天，這首詩還獲得了「愛在人間」詩歌二等獎。

　　說實話，書店做到這份上，我都擔心是不是把書店做雜了。要知道不好好賣書，這麼東搞西搞的，別個還當我們是個民間組織呢。

　　書店現在難做嘛，我給自己解釋說，要不想辦法，書店早晚會做死的。我不想它想早先的卡夫卡書店那樣，做個幾年，就關門了事。詩傳單活動開始很平淡，但很快就引起圈內人關注了。幾個哥們說：「詩人能把詩歌發到網上去，當然也可以貼出來，你這就是一個平臺。」

　　小劉對這個創意也很上勁，時不時向讀者推薦詩傳單，並且把詩的作者的照片貼起，這一來就更有點意思了。很多人看了都會說，真想不到，還有那麼多的詩人啊。不管這是不是偏見，能讓更多的人通過這個瞭解詩歌，也是好事一樁的了。

# 代言人

　　現在什麼行業都流行代言人了。不看不知道，一看嚇一跳。書店，只是聽說上海有家學術書店都在找復旦大學中文系教授傅傑代言了。對我們店而言，這可能是一趟渾水，弄不好別說代言了，書店多年的成績都掀翻了。

　　「我們店是不是也來一個代言人？」有天開會的時候，我這麼問了一下，大家都有興趣，七嘴八舌的討論起來，幾乎是一致的共識，書店有代言人，就相等於一次形象推廣嘛。但這個代言人的選擇卻難住了大家。

　　哪個來代言書店？在我看來是個大問題，不能請一個超女快男來，他們固然能引起轟動，但費用我們是給不起的，學術界的大腕如易中天、于丹也是如此。本土的名人，向外地推廣的話，又可能受地域文化的影響，難以走向全國。我這麼一分析，大夥都覺得有道理的。

　　「那就找一個普通人，像每年的讀書節上的讀書家那樣的也好。」同事連忙說。我搖了搖頭，他們讀書沒有什麼成果的。很快我就想到了「我要讀書」那個公益活動，也許我們這個代言人也可以做成這個。

　　大夥繼續討論。但討論了半天也沒個結果。看來這事得從長計議，為這事我諮詢了幾個讀書朋友。他們一聽這消息，就說：「這很有意義，書香社會嘛。」我就說了我的困惑。他們就說：「幹嘛找名人代言呢，把你們的讀者梳理一下，看看哪個買書多，那個就是代言人的嘛。」

　　這也是。我們有一大群固定的會員，再說還有新讀者不斷加入，不愁找不到一個代言人。於是，我們就在店內張貼公告，尋找書店代言人了。

　　嗨，你可別說，這活動一搞，讀者的積極性可高了。結果推薦了差不多十多位的讀者。他們所從事的行業不一，唯一相同的就是愛好閱讀。最後，我們通過層層選拔，搞了一系列的活動，書店搞的很熱鬧。代言人也找了出來，一位愛思考的大學生。

　　我們店剛有了代言人不久，本城的其他書店也都在想找個代言人。看來，書店的代言人也要成風了。

# 黃金位置惹的禍

　　書店現在差不多成了書業的晴雨表。這不，上午一家出版公司的老大說：「老兄，我們的新書一定要擺在醒目的位置。」我說：「書好，你放在倉庫裡也能賣完，前幾年就是這樣的嘛。」他說：「你不曉得，大家看不到書，再好的書也賣不出去。」

　　下午，又有另外一家公司的老大在 MSN 上說：「你們的書店蠻不錯的，唯一的缺點就是把我們的書放在不太醒目的地方。」我解釋了幾句，他說：「我都靠這個書還房貸了，你總不能讓我斷供吧。」我立刻說：「得，你改天睡馬路邊是不是還要讓我負全責呢？」他嘿嘿一笑：「這個要看你們店的銷量。」當然，作為地方一家書店無論如何，也不能讓一個公司突然發達起來。為了保險起見，我還是把他們的書放在一個比較醒目的位置上。

　　因為我喜歡寫點文字，就認識不少做書的傢伙。但你一說你是開書店的，他們一準說久仰久仰，新書還沒正式上市呢，先快遞一冊「請您拜讀」。這一下，弄得就很不好意思了，更何況書店到貨了，他們還會三番五次的問你，書賣的怎樣？一副很關切的樣子。我也不好說什麼，就說還成。

　　但書店的醒目位置，就那麼巴掌大的地方，大夥都覺得是黃金位置，無論如何你都要把新書在那擺幾天。可好書太多了，擺不過

來，簡直令我煩惱不已，該擺誰的不該擺誰的書，都是一個問題，畢竟一說起來大家都是哥們。

有時，沒把對方的書擺到合適的位置，他們一問起，我說一個地方，他們覺得不合適，但還是大度地說，沒事沒事。但心底下可不知道有多記恨：嘿嘿，看來是上次沒跟你娃喝酒喝好，下次一定讓你服氣才成。

一不小心，我就欠下了許多酒債。常常是見到這些傢伙，頭都大了，他們的道理是一套一套的，直接讓你把酒一杯杯乾了，一邊還不停地說：「別客氣，今天一定吃好喝好。」

這一下，我簡直沒語言了，只好喝酒不止。好在最後還是找到回酒店的路。這都是黃金位置惹的禍，讓我怎麼說，都覺得這似乎是一種無上的幸福了。

# 偷書

　　那天，在書店快關門的時候，小劉帶著一個十多歲的女孩走進辦公室。女孩很不情願的進來。小劉說，就是她，把我們的書帶走好幾本了。然後把幾本文學書放在辦公桌上。我看了看，那幾本書並沒有什麼特別的，就是一般的文學書。

　　我問女孩子的一些狀況。她支吾了半天，我也沒聽個明白。我又問：「妳是哪個學校的？」女孩一下子緊張了起來，連忙說：「這跟我們學校沒關係。」

　　大概是怕影響不好吧。我就沒再問這個。而是隨口問她：「妳喜歡這些書？」「我一直想讀，但我家裡沒多餘的錢。」等了好一陣，她才說道。而這大概正是她拿書的理由吧。

　　我又問了她一些情況，她見我並沒有惡意，也就放鬆了警惕。我這才瞭解到，她父母下崗了，家裡靠低保生活，日子一直很拮据，甚至連她讀書都要申請獎學金。小劉在旁邊說：「別聽她瞎說，這樣的人我見的多了，妳以為妳年紀小就可以隨便拿書啊，妳曉得不，這是犯法的事。」

　　女孩又把頭低下了。我對小劉說：「妳可以下班先走了。」小劉邊走邊說：「下次讓我逮著，就不是這一回了。」

　　我認真地對女孩說：「別聽他說，妳把這些書拿回去吧。以後想讀什麼書，跟我說就是了。」

　　她疑惑地看了看我，沒說話。我說：「這事就到此為止吧。」

　　她拿著書，走了。走到店外，還回頭看了看我。我向她揮了揮手。以前我也拿過書店的書，一直沒機會歸還，至今我仍覺得有些愧疚。但從女孩的身上，我看到了自己昨天的影子，也許青少年時期都幹過這類傻事。

　　女孩後來就再也沒來書店。時間過去了好幾年，我幾乎都想不起來這事了。一位姑娘找到辦公室，對我說：「那次真的太感謝你了，我現在出了書，放在你們這裡賣，算是回報以前的不是了。」

　　我呵呵一笑說：「我知道妳早晚會有這一天的。」不過，如果我當初阻止她的話，也許今天就失掉了一位作家。

# 算你狠

　　自從書店開始辦會員卡之後，簡直就是麻煩不斷的。會員卡在書店可以打八折，這樣的折扣已經很大了，但還是常常有人賣書時說，再打點折嘛，人家批發市場還七折了，豈知我們做書店的終端，利潤就很薄的。

　　為這事，小劉沒少跟讀者解釋，可他們不聽，好像你折扣少了，他都很不滿意似的，你不打折就欠他多大的人情了。這不，我剛走進辦公室，就有一位美女拿著一本《蘇菲的世界》，走進來就說：「哎呀，老闆，你們的書價格可真高的嚇死人，還不怎麼打折？」

　　我聽這話就先是一愣。本來還想跟她解釋什麼的。她又來了一句讓人很不爽的話：「旁邊那家都比你們便宜。」

　　「那妳怎麼不去他們那買書啊。」我調侃似的說。好像我這店是逼良為娼似的，你不買書，就不會有好日子過了。

　　「人家沒有這本書。你再打點折嘛。」她說著，不斷地拋媚眼。

　　我裝做沒看見，就認真地說：「我們只有會員卡才打折，還有就是大客戶。妳不屬於這兩種中的任何一個，打不了折的。」

　　「那我不買了。」她把書丟下，走了。我看著她的背影，想想，打折也少不了幾塊錢，不買就不買吧。

　　不想，第二天美女似乎預約好了似的又按時來了。還是昨天的那些話，好像她下了很大的決心，這回不打折就不買那本書了。我都不想再聽了，但還是耐心地聽下去，她又說了一大堆。大意是這書她很需要，看看能不能再優惠一點。

　　我呢，還是昨天那話，依然一副愛賣不賣的樣子。美女說：「我都跑兩趟了，你難道還不忍心打折嗎？哪怕你給我一點點折扣我的虛榮心也滿足了。」

　　說實話，我都想給她打折算了。但我還是隨口說了句：「嗨，妳可也真是計較。要是妳昨天都買了。妳這一來回把打折下來的錢都用完了。」我笑了笑，「不是我不樂意打折，我總不能違反規定給妳打折吧。」

　　美女說：「好，算你狠，如果我不急需也不會來買的。」說完，就拿著那本書到收銀臺去了。

# 書癡

在我的朋友當中有不少人是書癡。阿澄兄迷張煒，文泉清兄迷黃裳，還有愛周作人、沈從文的。我呢，見到喜歡的書就買，也好歹算列為書癡之一吧。凡是書癡大都有想開書店的計畫，所以我即便是辦公室都有人來打聽怎麼開一個書店，哪怕是很小的店。

那天，又有一位美女來問這事。一看就是文學青年──不開書店不曉得這水有多深的那種。我開門見山地問她想開成什麼樣的店。

「很普通的那種，也不一定很專業，掙錢不掙錢都在其次，主要是找個玩的地方。」她很認真地說。我就說：「妳這想法錯了，想玩去書吧也成，犯不著開店啊，再說了，妳開店就有壓力了，哪兒能想著玩的事。」

「你是不是怕我搶了你的生意啊。」她半開玩笑地說。

「呵呵，妳這樣說，我也沒話說了。開書店不是賣雜貨的鋪子，做不起走虧錢還不是自己負擔。妳不要想著政府會救樓市、股市，一定會對書店有積極的幫助。」我說著，邊看了看美女。她還是猶豫著自己的想法。

美女又問了些諸如選擇位址什麼的，我回答的也不怎麼熱心。這事我遇到的可多了。特別是美女，都想找點好玩的事做，一想都是書店之類的，但豈知書店大多是賠錢的呢。

　　又有一天，一個經常來買書的男子順便找我聊一下。沒想到也是開書店的事。他一張口就說：「我觀察你們很久了，你們的生意做的很好的，我也想開家書店，但我對這個完全不懂行，怕是折騰不幾下就死了。」

　　聽他這樣說，我就誠懇地勸他，不一定非開書店不可嘛，愛書就買回去就是，壓力不是很大，開書店的投入和收成一時也不是對等的。而且要持續投資，經濟上沒問題當然好，如果經濟不怎麼寬裕，那怎麼維持下去。

　　「哎呀，我也是這樣想的。」男子笑了起來。

　　愛書不一定要開書店。我說，我這是誤打誤撞走到這一步，也不是那麼的幸福的。所謂家家有本難念的經。

　　當然，開書店對傳播文化是好事，但考慮不清楚了，那就成了資源浪費了。

# 小物件

　　週末，去朋友的書店小坐。一見面，他就抱怨現在書店生意難做。儘管他開的是宗教書店，又在教堂附近，相對來說，讀者要固定的多。至少不像我們進一本，還不曉得是否賣的出去。

　　在書店邊聊邊逛，看見他店的牆上到處掛著小物件，手機掛鏈啊項鏈啊什麼的，甚至於還有檯曆買。我笑著說：「哎呀，你這怎像雜貨鋪子了，什麼東西都在賣？」他笑了笑，有些無奈。

　　此時有個青年走了進來，他在書架前溜達了一回，翻了幾本書，我盯著他看，搞不清楚他需要什麼。朋友則問他要什麼書，青年就問可以在這裡預定書嗎？朋友說，當然可以。青年隨後就踱到那些小物件邊上，看了下價格，問朋友是不是有優惠。朋友立刻說：「如果你要的多，當然可以。」

　　青年就挑選了起來。不想，他一下子挑了一兩百塊錢的東西。我在旁邊看著，不由得想像，我們店是不是也可以進一些諸如此類的東西？

　　回到書店，我就把幾個店員找來商量這事。但同事都說，我們不是雜貨鋪子，怎能什麼都買呢？「而且現在專業分工非常明確的時代，你一亂整，說不定把書店整垮了。」小劉振振有詞地說。

　　這事就沒繼續討論下去，我轉而去問常買書的人，你到書店除了買書，還想買點什麼。他們的回答五花八門，諸如咖啡啊、小本子啊什麼的，都有，一個傢伙甚至說，你也可以賣一些新鮮東西，但一定都要跟書有關。

　　看來這事多半靠譜，我就又找店員說了這事，因為有了資料，他們說，那就試試看，先弄些小物件上來，如果不行，撤貨就是了，損失也不大。

　　不曾想，小物件一上架，各種小東西都有，但大都是一般店都不賣的，一下子就引人注目了起來。有的人甚至跑來不是為了買書，而僅僅是衝著那些小物件來的。這弄得我多少有些哭笑不得，要知道，我的本意可不是這樣的啊。

　　但看到書店的每日營業額都是穩中有升，多少也就少了一份憂慮了。

# 推薦書

　　開書店似乎是蠻瀟灑的事情，所以很多人見我天天在書店裡閒來蕩去，沒事一樣，正好可以拿大把的時間來讀書。於是乎，有事沒事朋友都樂意過來，「麻煩推薦幾本書看看。」

　　這事說來頗為輕巧，但實際操作起來不易。昨天，一位老鄉過來，先是盛讚書店裡的好書不少之後，就直截了當地對我說：「我最近想讀下書，你給我推薦幾本書吧。」我不好拒絕，就問他看哪類的書。他來了一句：「你喜歡的，我就能看下去的。」

　　可每個人的閱讀習慣都是有差異的，我讀的好未必適合你讀的嘛。我呵呵一笑。他皺了下眉頭，說：「只要有趣、好看就成。」

　　這個概念也很大的。我多少知道他一點讀書習慣，就先給他推薦了周澤雄的《文人三才》。他說：「寫的太深了。」我一想，良友叢書也很不錯。結果他翻了下，說我對歷史沒多大興趣。然後他問有沒有胡蘭成的書。「好，我喜歡看他的文章。」我就給他翻出《今生今世》來，他說這書我有了。我一下子不曉得該怎麼說才好了。

　　「要不，你先忙，我看看有什麼合適的書沒。」他見我一下子說不出適合胃口的書，就連忙說道。

　　那也好。把他打發掉，我以為可以清淨一會了。可不到半個小時，他又轉回來，問我：「你們這邊的詩集不多啊。」

　　「你想看誰的詩集？」我反問他。因為跟詩人來往的多，在詩集上我還是較自信比其他書店多一些。他說了柏樺、翟永明幾個名字，我帶他去專櫃那邊看，沒有他們的詩集了。我說：「這都是詩集。」他拿起一冊翻翻，說：「這作者名字都不熟悉」。我就告訴他：「他們在圈內都大名鼎鼎呢。」

　　他又翻了幾冊詩集，有的是民刊，我們站在書架前順便就聊起了詩歌的事。他說了半天，一本詩集都沒有選，就說：「我還有事，先走了。」

　　我客氣地說：「有空再來。」嗨，這是什麼事兒啊。看來，我這推薦書的可真是有些不稱職，結果推薦了半天，沒有一本他感興趣的──白費了口舌。

# 讀書小報

　　有段時間，在網上看到一些民間讀書報刊很多，比如《書友》、《開卷》、《清泉部落》、《泰山書院》都辦得很好，連當地的一家舊書店辦起了一份《毛邊書訊》，這樣做，當然有利於書店的品牌宣傳。

　　我把這個事跟幾個愛書的朋友商量，大家一聽還都很支持，「沒個平臺，我們寫跟書有關的文章都找不到地方發，你辦，不給稿費都可以。」我說：「那怎麼成呢。我想著這辦報，得長期做下去，要是做一期兩期就停了，也就沒什麼意思。」他們也贊同這樣的做法。於是，我就給幾家民刊聯繫，學習經驗。

　　這事準備了一段時間，我還是拿不定主意，主要是怕書店的財力不濟，也辦不成影響力的小報。我跟幾個書店老闆商量了這樣的想法，他們也都說好，需要支持的，儘管說。但我曉得每個書店的狀況都不一樣，要聯合在一起做事，也真不容易。這樣又折騰了一陣子。我把事情交給小劉辦，我想著多培養一個辦報的人，也有利於書店發展的嘛。

　　可辦報說起來容易做起來難。有天，我特意把幾個書店老闆邀在一起，說了辦報的意思，我先說一個書店做，壓力大，是不是幾個書店聯合在一起，大家互相紮起，辦個一兩年都沒得問題的。接下來，大夥發言都很積極，有提建議的，有談感慨的，大家都說這是好事：「書香社會嘛，就是書店所倡導的事情，我們應該這麼做一下。」

　　於是，我趁熱打鐵說了想法，報名什麼的也提出來討論了一下。大家七嘴八舌的又討論一通。

　　沒過幾天，我們幾個人又聚在一起討論。大家依然很有熱情，但到最後一說經費的事，都為難了。我說：「這不是我們一家店的事。如果做的好了，大家臉上都有光，再說，辦報是為了大家都有一個平臺，互相支持嘛。」

　　可這事還是拖了下來，我再問他們，只有一兩個熱心的了，我們又坐在一起商量，也沒說出來一個子丑寅卯來。看來，這辦報的事多半辦不成了。

　　果不其然，他們兩個也打起了退堂鼓。我這時輾轉聽一個老闆說：「聽他瞎扯可以，辦報辦好了，名利他都得了，我們出錢也未必落個什麼好，他都以為我們是傻子吧。」我簡直有些哭笑不得了。

# 冒險的簽售

前兩天，一位東北的網友加我 QQ，他說：「我想在你們店搞一場簽售活動，比閻崇年的書還好。」這我感興趣，閻崇年上次簽售被摑了以後，現在搞簽售活動想取得良好的效果都難了。我趕緊問他是什麼書，《海侃三國》。

於是，我邊跟他聊天，邊百度這書的信息。不看不知道，查了下還真嚇人一跳，在一個論壇上，有網友說，這書作者三個人，而實質上此書文章的作者很多。他們只是大雜燴起來。看來還存在版權問題，若僅僅這樣還罷了，居然找了家出版社自費出書，而且一出就出了兩版了。他說，這書很不錯。在一家書店五個月都賣了四本書。「這書我們店搞不了簽售。」我直言相告。他說「不就是找一家書店麼，你本身就是業內人士，有何難哉？」

不過，我覺得這簽售很難搞的，你們不是名人……。

簽售活動很時髦的呀，當然能成功，就像當年博覽會的茅臺酒被打碎一樣，只要把讀者聚攏來，書必然一售而空。但是我的字醜，另外兩個人很低調，我們都來不了。

我說：「那你們搞什麼簽售啊。」

「是這樣的，我們在成都有個朋友，他可以到現場簽售。」他解釋說。

他跟這本書有什麼關係呢？我很好奇地問。

看到他寫了一篇〈幾大元帥的戰力研究〉。覺得很有意思，就對他說，簽售時可對讀者說此文將收入此書的第三版。他很自在地說：「這書給你 65 折。要不是我想早點賣出去，連折都不會打的。」

「哦，第三版你會收入他的文章嗎？」我故意問道。這事多半玄乎，也許這一版還沒賣完就出事了。

「會收的。我翻譯的《聊齋》都收進附錄裡了，現在收了十多篇文章呢。」他又解釋道。

「那麼，你把你朋友的電話給我一下，我問問情況再說。」

「我先給你 QQ 吧。」他回了一句。然後把 QQ 號碼留給了我。

「給我電話，我問問情況，我沒時間閒聊的。」我實在覺得這事不靠譜了，趕緊說道。

「我先跟他商量一下，我再跟你說。」他回了一句，然後就沒消息了。

其實，像圖書簽售這事如果不是名人，書的內容再不怎麼樣，無論如何做簽售都是冒險的事，更何況這書存在著版權問題呢。如果讓我說點什麼，我大概只會說，這種事都願意去做，作者想錢都想瘋了。

# 後記

　　成都，是一個文化聚集地，詩人眾多，舊書市場位居全國前三名，因此，《風尚週報》稱之為「中國的書房」。在這樣的一個城市生活，就像一句廣告詞說的那樣：住成都，好安逸。當然，這離不開書生氣息的了。

　　讀書生活的幸福，才有了《寫在書邊上》。

　　這個集子，原本想著找朋友寫個序言，後來還是算了。畢竟寫序言不是好事兒，我見過一個老編輯的序言，結果是批評的話佔了不少。好像這很沒道理似的。對愛書人而言，這批評本來也不算什麼，如果放到序言裡，卻是怪頭怪腦的了。不寫也罷。

　　相對而言，書話集子一般都是自說自話，但要說的好，說的漂亮，也是難得的事了。那麼，後記似乎可以找一些朋友發言，但我想，那都是溢美之言，聽不聽大概也沒什麼要緊，作為朋友來說，卻是不靠溢美而存在的。

　　坦白的說，我對於讀書很上進，但寫寫讀後印象記卻不是我的強項，這幾年，不少做讀書編輯的朋友如阿濚、王國華、潘小嫻、谷軼波、強雯，等等，都給予了很多支持，做出版的朋友有新星出版社包陳斌小姐、北京貝貝特出版顧問有限公司孫瑞岑兄、楊靜武兄、浙江人民出版社周為筠兄、岳麓書社向敬之兄、北京華章同人

文化傳播有限公司陳乾坤兄，等等，都不時的寄給我好書閱讀，讓我時常享受到閱讀的樂趣。其實，這個名單還可以開列下去，這當然包括眉睫、柳已青、陳進、陳小庚、劉春、薛原、李平、盧禮陽⋯⋯

最後，要感謝的是出版家蔡登山先生和編輯林泰宏先生為本書付出的辛勤努力。

2009 年 7 月 21 日於成都

國家圖書館出版品預行編目

寫在書邊上 / 朱曉劍著.-- 一版. -- 臺北市
　　：秀威資訊科技, 2009.09
　　面 ；　公分. -- (語言文學類 ; PG0279)

BOD 版
ISBN 978-986-221-281-3(平裝)

1. 讀書 2. 文集

019.07　　　　　　　　　　　　98014833

 語言文學類　PG0279

# 寫在書邊上

作　　者 / 朱曉劍
主　　編 / 蔡登山
發 行 人 / 宋政坤
執行編輯 / 林泰宏
圖文排版 / 蘇書蓉
封面設計 / 陳佩蓉
數位轉譯 / 徐真玉　沈裕閔
圖書銷售 / 林怡君
法律顧問 / 毛國樑　律師
出版印製 / 秀威資訊科技股份有限公司
　　　　　台北市內湖區瑞光路 583 巷 25 號 1 樓
　　　　　電話：02-2657-9211　　傳真：02-2657-9106
　　　　　E-mail：service@showwe.com.tw
經 銷 商 / 紅螞蟻圖書有限公司
　　　　　台北市內湖區舊宗路二段 121 巷 28、32 號 4 樓
　　　　　電話：02-2795-3656　　傳真：02-2795-4100
　　　　　http://www.e-redant.com

2009 年 9 月 BOD 一版
定價：330 元

# 讀 者 回 函 卡

感謝您購買本書，為提升服務品質，煩請填寫以下問卷，收到您的寶貴意見後，我們會仔細收藏記錄並回贈紀念品，謝謝！

1. 您購買的書名：_____

2. 您從何得知本書的消息？

　　□網路書店　□部落格　□資料庫搜尋　□書訊　□電子報　□書店
　　□平面媒體　□ 朋友推薦　□網站推薦 □其他_____

3. 您對本書的評價：(請填代號　1.非常滿意 2.滿意 3.尚可 4.再改進)

　　封面設計____　版面編排____　內容____　文/譯筆____　價格____

4. 讀完書後您覺得：

　　□很有收穫　□有收穫　□收穫不多　□沒收穫

5. 您會推薦本書給朋友嗎？

　　□會　□不會，為什麼？_____

6. 其他寶貴的意見：_____

　　_____

　　_____

　　_____


## 讀者基本資料

姓名：_____　年齡：_____　性別：□女 □男

聯絡電話：_____　E-mail：_____

地址：_____

學歷：□高中(含)以下　□高中　□專科學校　□大學
　　　□研究所(含)以上 □其他_____

職業：□製造業 □金融業 □資訊業 □軍警 □傳播業 □自由業
　　　□服務業 □公務員 □教職　□學生 □其他_____

------------------------------------------------

(請沿線對摺寄回,謝謝!)

## 秀威與 BOD

BOD（Books On Demand）是數位出版的大趨勢，秀威資訊率先運用 POD 數位印刷設備來生產書籍，並提供作者全程數位出版服務，致使書籍產銷零庫存，知識傳承不絕版，目前已開闢以下書系：

一、BOD 學術著作—專業論述的閱讀延伸
二、BOD 個人著作—分享生命的心路歷程
三、BOD 旅遊著作—個人深度旅遊文學創作
四、BOD 大陸學者—大陸專業學者學術出版
五、POD 獨家經銷—數位產製的代發行書籍

BOD 秀威網路書店：www.showwe.com.tw
政府出版品網路書店：www.govbooks.com.tw

永不絕版的故事・自己寫・永不休止的音符・自己唱